마음공부를 하며 놀다

마음공부 가이드북

최경도 지음

WON BOOK 원불교출판사

일러두기

1. 이 책은 졸고, 『마음공부를 디자인하다』를 바탕으로 편집하였다.
2. 원불교의 마음공부를 종합적이고 단계적으로 이해할 수 있도록 하였다.
3. 공부인의 원불교 법위에 따라 사용할 수 있도록 안내하였다.

四恩의 本源
如來의 佛性

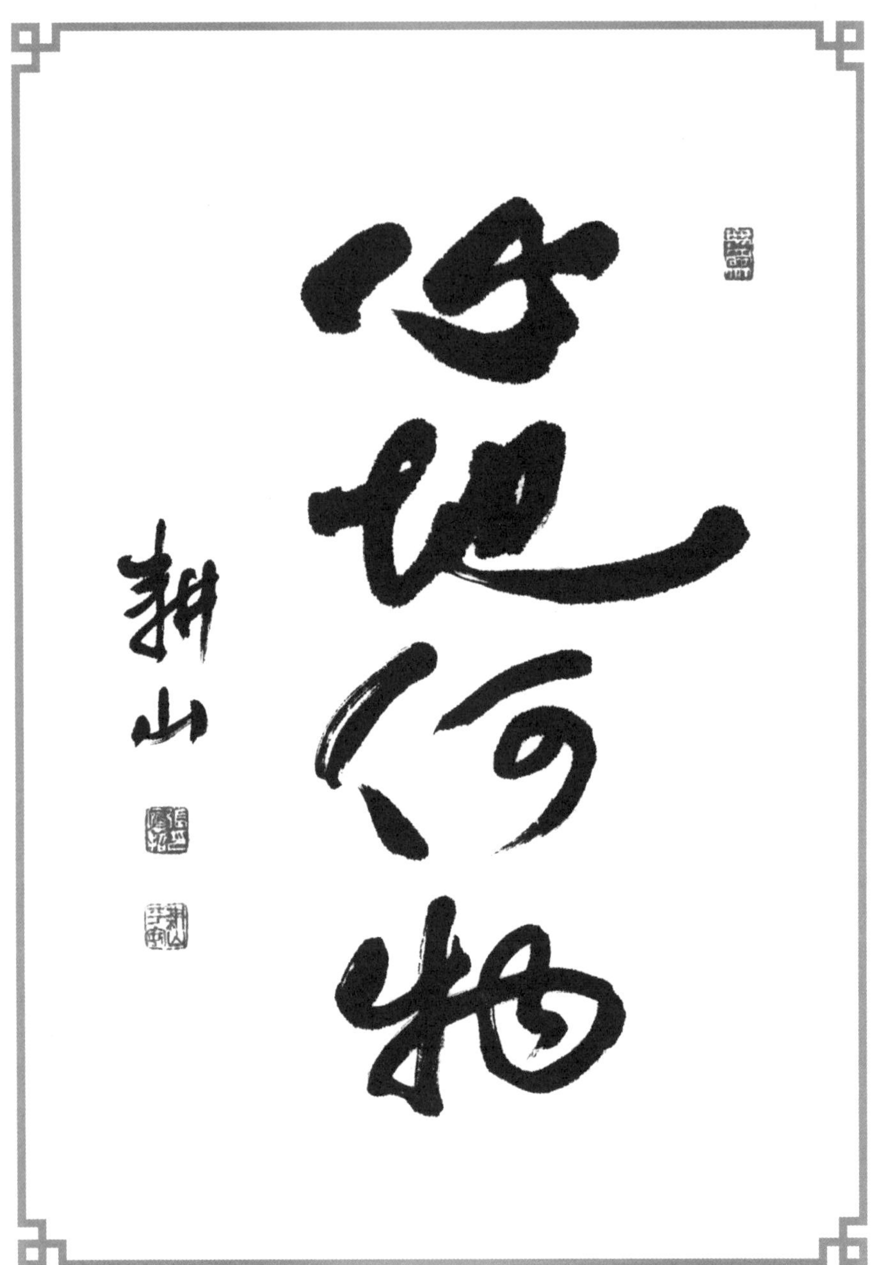
耕山

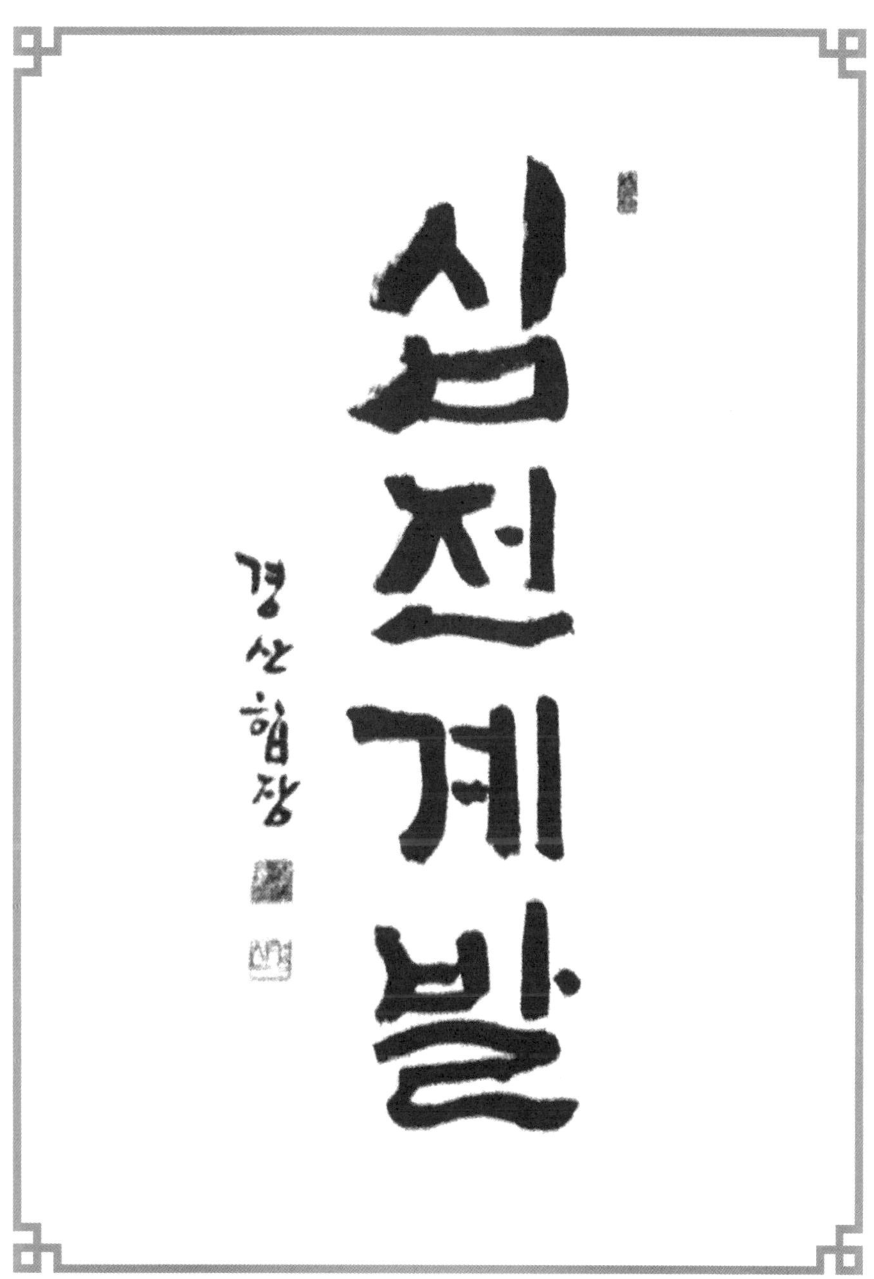
심천계발
경산 합장

원불교 마음공부 개념도

동 정 일 여

상시 훈련 | 무시선 | 정기 훈련

상시 훈련			무시선	정기 훈련	
작업취사	1	상시응용주의사항	자성세움	정신수양	염불
사리연구	2				좌선
	3		마음돌림	사리연구	경전
	4				강연
정신수양	5		일상수행의 요법에 대조		회화
점검대조	6				의두
문 답	1	교당내왕시주의사항	끌리고 안끌리는 대중잡음		성리
감 정	2				정기일기
해 오	3		알아차림	작업취사	상시일기
입선(훈련)	4				주의
예 회	5		마음챙김		조행
활 용	6				

일 상 수 행 의 요 법

공부인이 동하고 정하는 두 사이에 삼대력 얻는 빠른 방법

일기법			
보통급	특신급	법마상전급	보통급-대각여래위
마음 소 길들이기	마음병 치료하기	마음 난리 평정하기	마음 밭 계발하기
유무념 대조	의술과 약재	속깊은 마음공부	삼대력 얻기

마음공부 6과정 진행도

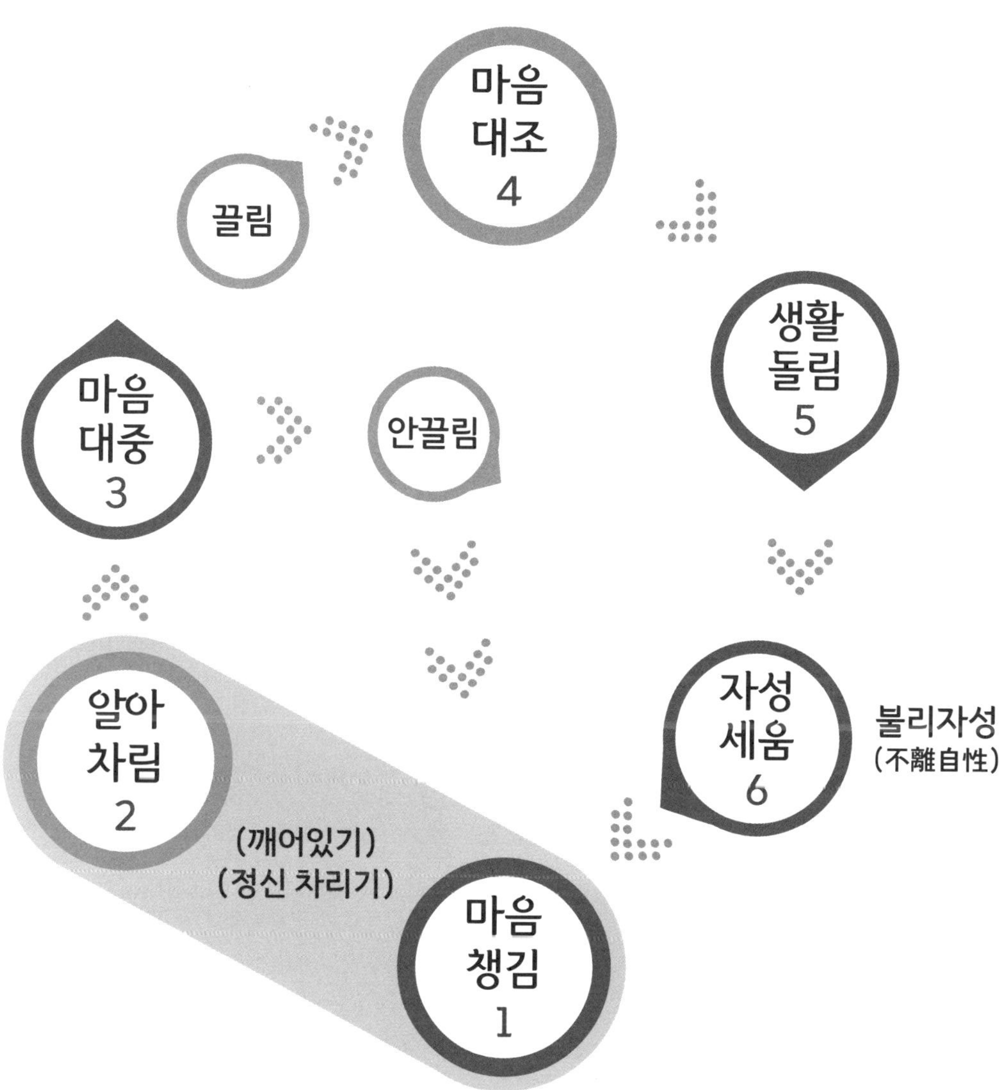

마음
대조
4
끌림
생활
돌림
5
마음
대중
3
안끌림
알아
차림
2
자성
세움
6
불리자성
(不離自性)
(깨어있기)
(정신 차리기)
마음
챙김
1

동정일여의 무시선 공부도

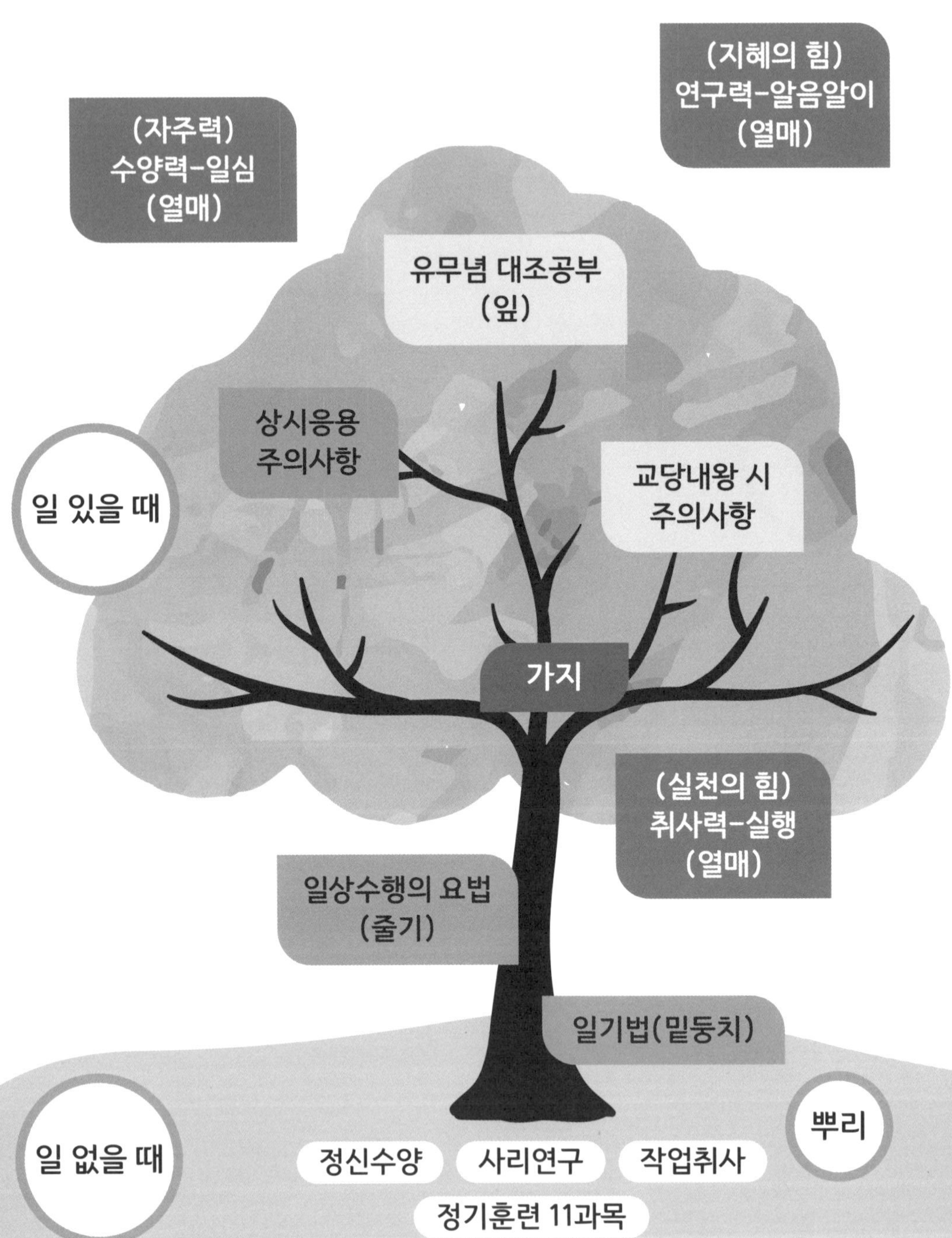

원불교 마음공부 프로그램과 범위

법위	프로그램	내용
동시 – 분별 무착(無着) 정시 – 분별 절도(節度)		**대각여래위**
출가위	마음 밭 계발하기	시방일가(十方一家) 사생일신(四生一身)
견성 – 慧 – 연구 양성 – 定 – 수양 솔성 – 戒 – 취사		**법강항마위**
법마상전급	마음 난리 평정하기	법과 마(魔) 분석 사심 제거 무관사 부동
마음 병원 – 교당 마음병 의사 – 교무, 지도인 의술 – 공부의 요도 3학8조 약재 – 인생의 요도 4은4요	마음병 치료하기	**특신급** 교당내왕 시 주의사항
보통급	마음 소 길들이기	코뚫기 – 유무념 대조 고삐 – 상시응용 주의사항 말뚝 – 스승, 지도인, 서원, 신심

일상수행의 요법
상시응용 주의사항, 교당내왕 시 주의사항, 일기법

마음하고 잘 놀고 계시나요?

마음을 마음대로 사용하고 싶은 오래된 꿈이 있었습니다. 그 꿈을 50여 년 관심을 두고 마음공부를 하였습니다. 그리고 원불교 교법대로 공부하면 마음의 자유를 얻을 수 있다는 믿음이 생겼습니다. 이미 원리와 방법과 프로그램을 소태산 대종사는 다 준비하여 주셨기 때문입니다.

『정전』과 『대종경』에 밝혀 주신 대로 마음공부의 원리와 방법과 프로그램을 구성하였고, 여기에 정산 종사와 대산 종사의 법문을 활용하여 설명하려고 노력하였습니다.

이제 우리는 신성으로 공부하여 마음공부 가이드가 인도하는 대로 그 길을 밟아 가기만 하면 됩니다. 세 분 스승님은 떠나셨지만, 법은 그대로 남아 있습니다. 광대 무량한 낙원은 다른 곳에 따로 존재하지 않습니다. 광대 무량한 낙원은 각자의 성품 자리이고 그 성품은 모두에게 그대로 품부하고 있으나 알지 못하고 지냈습니다. 가령 자기 재산을 자기 것인 줄 알지 못하고 살던 부자가 자기의 재산을 찾은 것과 같습니다. 이처럼 우리는 잊고 지냈던 자신의 잃어버린 보물인 성품을 찾아서 내 것으로 이전하고 사용하기만 하면 됩니다.

누구나 마음 없는 사람은 없기 때문에 모든 사람이 마음을 공부합니다. 여기에 한 사람이 있어 50년 동안 머리에 이고 몸으로 실천하여 마음의 자유를 얻기 위하여 경험한 내용을 엮어 놓았습니다. 원각성

존 소태산 대종사님은 이 시대의 마음공부를 가장 원만하게 종합적이고도 단계적으로 수행하도록 한 성자입니다. 일체유심조一切唯心造 되는 이치를 알고 난 후에는 불생불멸과 인과보응 되는 이치까지 알게 되고 그런 후에는 마음이 요란하지도 어리석지도 그르지도 않게 한다는 가르침을 그대로 실천하기만 하면 됩니다.

여기 간단한 마음공부 가이드북을 통하여 마음하고 잘 놀기만 하면 부처의 인격을 이룰 수 있습니다. 개인은 정신 육신 물질의 자유를 얻고 가정은 안락한 가정 진화하는 가정 행복한 가정을 이루며 세상은 사회 국가 세계가 평화한 세상이 될 것입니다. 이를 위하여 누구든지 언제 어디서나 단계적이고 종합적인 마음공부를 할 수 있을 것입니다.

여기에서 지도인은 마음나라 여행 가이드로, 마음 소 길들이는 목동으로, 마음병 치료하는 지도자 겸 환자로, 마음 난리 평정하는 도원수로, 마음 밭 계발하는 농부로, 마음공부를 함께 하면서 낙원 가는 길에 공부인을 그곳으로 인도하는 안내자가 되었습니다.

마음공부 잘 합시다.

원기105년(2020) 늦가을, 익산 심계원에서

보산 최경도 합장

목차

제2과정
마음 소 길들이는 목동

제3과정
마음병 치료하는 환자

illustrator _ 김곰

제1과정
-
마음나라 여행 준비

마음나라는 원래 온전하고 평안하며 밝고 깨끗한 것이나, 사욕邪慾의 마군魔軍을 따라 어둡고 탁해지며 복잡하고 요란해져서 한없는 세상에 길이 평안할 날이 적다. 〈소태산 대종사〉

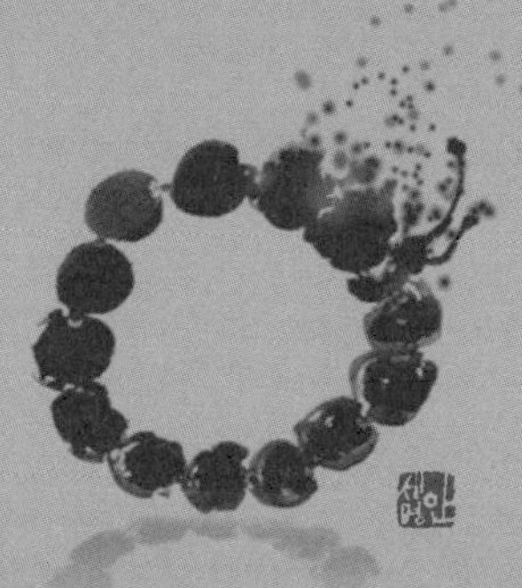

1. 마음공부의 네 가지 요소가 무엇일까?

2. 심지하물心地何物 - 마음의 속성은 무엇일까?

3. 마음의 네 가지 모습은 어떨까?

4. 마음공부가 무엇인가 서로 의견을 교환하여 봅시다.

5. 공부인이 마음공부 할 때 마음이 어떻게 작동할까?

6. 원만한 마음공부는 어떻게 할까?

illustrator _ 김곰

제2과정
-
마음 소 길들이는 목동

그대들의 입선 공부는 비하건대 소 길들이는 것과 같나니 사람이 세상에서 도덕의 훈련이 없이 보는 대로 듣는 대로 생각나는 대로 자행자지하여 인도정의에 탈선되는 행동을 하는 것은 어미 젖 떨어지기 전의 방종한 송아지가 자행자지로 뛰어다닐 때와 같은 것이다. 〈소태산 대종사〉

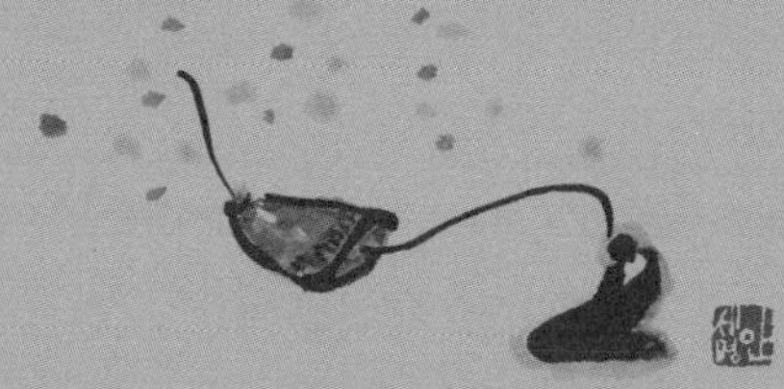

1. 원불교 표어에 대하여 대강 이해하자.

물질物質이 개벽開闢되니 정신精神을 개벽하자.

처처불상 사사불공處處佛像 事事佛供

당하는 곳마다 부처님이니 일일이 불공하자.

무시선 무처선無時禪 無處禪

어느 때나 선이요 어디나 선방

동정일여動靜一如 영육쌍전靈肉雙全

일 있을 때나 일 없을 때나 한결같이 공부하고

정신과 육신을 아울러 온전하게 하자.

불법시생활佛法是生活 생활시불법生活是佛法

불법으로 생활하고 생활 속에서 불법을 닦자.

2. 일상수행의 요법을 대강 이해하고 외우자.

일상수행의 요법日常修行-要法

1. 심지心地는 원래 요란함이 없건마는 경계를 따라 있어지나니, 그 요란함을 없게 하는 것으로써 자성自性의 정定을 세우자.
2. 심지는 원래 어리석음이 없건마는 경계를 따라 있어지나니, 그 어리석음을 없게 하는 것으로써 자성의 혜慧를 세우자.
3. 심지는 원래 그름이 없건마는 경계를 따라 있어지나니, 그 그름을 없게 하는 것으로써 자성의 계戒를 세우자.
4. 신과 분과 의와 성으로써 불신과 탐욕과 나와 우를 제거하자.
5. 원망 생활을 감사 생활로 돌리자.
6. 타력 생활을 자력 생활로 돌리자.
7. 배울 줄 모르는 사람을 잘 배우는 사람으로 돌리자.
8. 가르칠 줄 모르는 사람을 잘 가르치는 사람으로 돌리자.
9. 공익심 없는 사람을 공익심 있는 사람으로 돌리자.

3. 공부인의 네 가지 보람을 이해하고 실천하자.

첫째, 조석심고朝夕心告 하는 의무[보람]
둘째, 법회출석法會出席 하는 의무[보람]
셋째, 보은헌공報恩獻供 하는 의무[보람]
넷째, 연원지도淵源指導 하는 의무[보람]

4. 보통급 십계를 수계受戒하고 지키자.

보통급普通級 십계문

1. 연고 없이 살생을 말며,
2. 도둑질을 말며,
3. 간음姦淫을 말며,
4. 연고 없이 술을 마시지 말며,
5. 잡기雜技를 말며,
6. 악한 말을 말며,
7. 연고 없이 쟁투爭鬪를 말며,
8. 공금公金을 범하여 쓰지 말며,
9. 연고 없이 심교간心交間 금전을 여수與受하지 말며,
10. 연고 없이 담배를 피우지 말라.

5. 보통급 상시일기를 기재記載하자.

원기 년 월

보통급 상시일기

새 마음 새 몸 새 생활로 새 사람이 되어
새 가정 새 나라 새 세계 새 세상 이룩하자

원불교 ______ 교당

법 명		휴대폰	
단 번		메 일	

보통급 상시일기 양식 파일 다운로드 주소

http://cafe.daum.net/magong-agit/jxfX/8 

6. 교당내왕 시 주의사항을 대강 이해하고 외워 실천하자.

교당내왕 시 주의사항

1. 상시응용 주의사항으로 공부하는 중 어느 때든지 교당에 오고 보면 그 지낸 일을 일일이 문답하는 데 주의할 것이요,
2. 어떠한 사항에 감각된 일이 있고 보면 그 감각된 바를 보고하여 지도인의 감정 얻기를 주의할 것이요,
3. 어떠한 사항에 특별히 의심나는 일이 있고 보면 그 의심된 바를 제출하여 지도인에게 해오解悟 얻기를 주의할 것이요,
4. 매년 선기禪期에는 선비禪費를 미리 준비하여 가지고 선원에 입선하여 전문 공부하기를 주의할 것이요,
5. 매 예회例會 날에는 모든 일을 미리 처결하여 놓고 그 날은 교당에 와서 공부에만 전심하기를 주의할 것이요,
6. 교당에 다녀갈 때에는 어떠한 감각이 되었는지 어떠한 의심이 밝아졌는지 소득 유무를 반조返照하여 본 후에 반드시 실생활에 활용하기를 주의할 것이니라.

7. 상시응용 주의사항을 대강 이해하고 외워 실천하자.

상시응용 주의사항

1. 응용應用하는 데 온전한 생각으로 취사하기를 주의할 것이요,
2. 응용하기 전에 응용의 형세를 보아 미리 연마하기를 주의할 것이요,
3. 노는 시간이 있고 보면 경전·법규 연습하기를 주의할 것이요,
4. 경전·법규 연습하기를 대강 마친 사람은 의두 연마하기를 주의할 것이요,
5. 석반 후 살림에 대한 일이 있으면 다 마치고 잠자기 전 남은 시간이나 또는 새벽에 정신을 수양하기 위하여 염불과 좌선하기를 주의할 것이요,
6. 모든 일을 처리한 뒤에 그 처리 건을 생각하여 보되, 하자는 조목과 말자는 조목에 실행이 되었는가 못 되었는가 대조하기를 주의할 것이니라.

8. 「정신개벽의 노래」 가운데 "낙원으로의 초대"에 대하여 대강 이해하자.

※《정신개벽의 노래》의 노래는 책 『마음공부를 요리하다』 75쪽에 있음.

9. 『대종경』 서품 15장에서 19장까지 대강 읽고 이해하자.

10. 일원상 서원문과 네 가지 주문을 대강 이해하고 외우자.

일원상 서원문

일원은 언어도단의 입정처이요 유무초월의 생사문인바, 천지 부모 동포 법률의 본원이요 제불 조사 범부 중생의 성품으로, 능이성 유상하고 능이성 무상하여, 유상으로 보면 상주 불멸로 여여 자연하여 무량세계를 전개하였고, 무상으로 보면 우주의 성주괴공과 만물의 생로병사와 사생의 심신작용을 따라 육도로 변화를 시켜 혹은 진급으로 혹은 강급으로 혹은 은생어해로 혹은 해생어은으로 이와 같이 무량세계를 전개하였나니,
우리 어리석은 중생은 이 법신불 일원상을 체 받아서 심신을 원만하게 수호하는 공부를 하며, 또는 사리를 원만하게 아는 공부를 하며, 또는 심신을 원만하게 사용하는 공부를 지성으로 하여 진급이 되고 은혜는 입을지언정 강급이 되고 해독은 입지 아니하기로써 일원의 위력을 얻도록까지 서원하고 일원의 체성에 합하도록까지 서원함.

성주

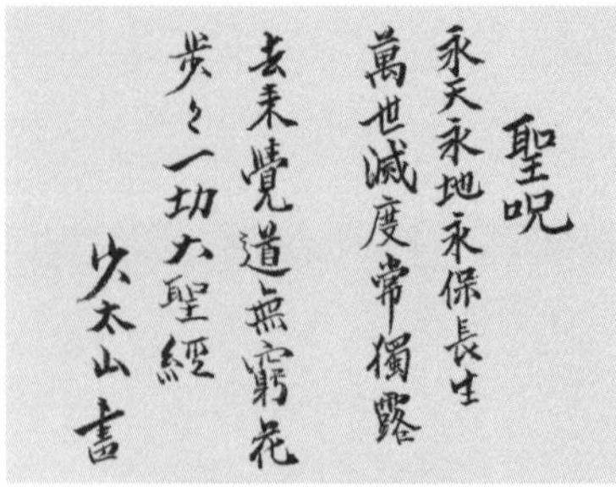

영천영지 영보장생永天永地永保長生

만세멸도 상독로萬世滅度常獨露

거래각도 무궁화去來覺道無窮花

보보일체 대성경步步一切大聖經

영주

천지영기 아심정天地靈氣我心定 만사여의 아심통萬事如意我心通

천지여아 동일체天地與我同一體 아여천지 동심정我與天地同心正

청정주

법신청정 본무애法身淸淨本無碍 아득회광 역부여我得廻光亦復如

태화원기 성일단太和元氣成一團 사마악취 자소멸邪魔惡趣自消滅

참회게

아석소조 제악업我昔所造諸惡業 개유무시 탐진치皆由無始貪瞋痴

종신구의 지소생從身口意之所生 일체아금 개참회一切我今皆懺悔

죄무자성 종심기罪無自性從心起 심약멸시 죄역망心若滅時罪亦亡

죄망심멸 양구공罪亡心滅兩俱空 시즉명위 진참회是卽名謂眞懺悔

11. 『목우십도송』을 대강 이해하고 노래로 부르자.

1. 길들기 전

사납게 생긴 뿔에 소리소리 지르며
산과 들에 달려가니 길이 더욱 멀구나.
한 조각 검정 구름 골 어귀에 비꼈는데
뛰어 가는 저 걸음이 뉘 집 곡식 범하려나.

2. 길들이기 시작하다

나에게 고삐 있어 달려들어 코를 뚫고
한 바탕 달아나면 아픈 매를 더하건만
종래로 익힌 습관 제어하기 어려워서
오히려 저 목동이 힘을 다해 이끌더라.

3. 길들어 가다

점점 차차 길이 들어 달릴 마음 쉬어지고
물 건너고 구름 뚫어 걸음걸음 따라 오나
손에 고삐 굳이 잡아 조금도 늦추잖고
목동이 종일토록 피곤함을 잊었어라.

4. 머리를 돌이키다

날 오래고 공이 깊어 머리 처음 돌이키니
전도하고 미친 기운 점점 많이 골라졌다.
그렇건만 저 목동은 방심할 수 전혀 없어
오히려 고삐 잡아 말뚝에다 매어 두네.

5. 길들다

푸른 버들 그늘 밑 옛 시내 물가에
놓아 가고 거둬 옴이 자연함을 얻었구나.
날 저물고 구름 낀 방초의 푸른 길에
목동이 돌아갈 제 이끌 필요 없었더라.

6. 걸림 없다

한데 땅에 드러누워 한가하게 잠을 자니
채찍질을 아니 해도 길이 구애 없을러라.
목동은 일이 없이 청송青松 아래 편히 앉아
한 곡조 승평곡에 즐거움이 넘치더라.

7. 헌거롭다

버들 언덕 봄 물결 석양이 비쳤는데
담연淡烟에 싸인 방초 쭝긋쭝긋 푸르렀다.
배고프면 뜯어 먹고 목마르면 물마시니
돌 위에 저 목동은 잠이 정히 무르녹네.

8. 서로 잊다

흰 소 언제든지 백운 중에 들었으니
사람 절로 무심하고 소도 또한 그러하다.
달이 구름 뚫어 가면 구름 자취 희어지니
흰 구름 밝은 달이 서와 동에 임의로다.

9. 홀로 비치다

소는 간 곳 없고 목동만이 한가하니
한 조각 외론 구름 저 봉 머리 떠 있도다.
밝은 달 바라보고 손뼉 치며 노래하니
그래도 오히려 한 관문이 남아 있네.

10. 일원상만 나타나다

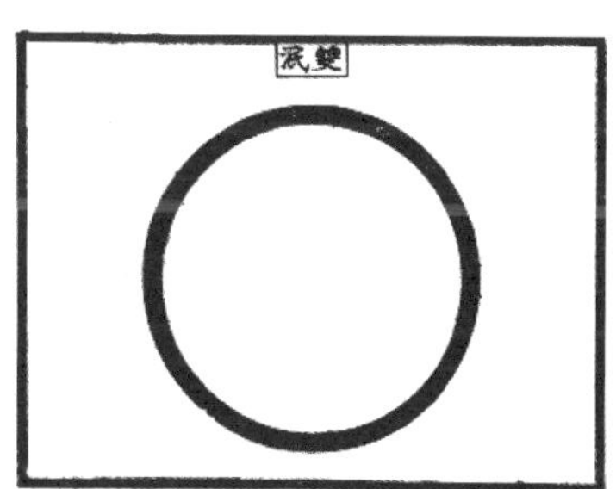

소와 사람 함께 없어 자취가 묘연하니
밝은 달빛이 차서 만상이 공했더라.
누가 만일 그 가운데 적실한 뜻 묻는다면
들꽃과 꽃다운 풀 절로 총총叢叢하다 하리.

홀로 아리랑

한 돌 작사
한 돌 작곡

※ 〈후렴〉 부분에 '마음공부'를 넣어 '마음공부 아리랑'으로 부른다.

아리랑 아리랑 마음공부 아리랑 아리랑 고개를 넘어가 보자

가다가 힘들면 쉬어 가더라도 손잡고 가보자 같이 가보자.

12. 마음 소 길들이기 프로그램을 계속 진행하자.

〈 마음 소 길들이기 주요 프로그램 〉

1. 마음공부는 인생수업에서 선택이 아닌 필수이다.
2. 너 자신을 알아야
3. 나를 변화시키려면
4. 그대는 소를 보았는가.
5. 송아지 길들이기
6. 주도적으로 나를 변화시키기
7. 유무념 대조공부
8. 하자는 조목과 말자는 조목 정하기
9. 날마다 하는 점검 – 상시 일기
10. 학습상황 기재하기
11. 계문 범과 유무 기재하기
12. 좋은 습관 길들이기

※ '마음 소 길들이기' 프로그램은 졸고 『마음공부를 디자인하다』에 있음.

illustrator _ 김곰

제3과정
–
마음병 치료하는 환자

세상 사람들은 육신의 병은 병으로 알고 시간과 돈을 들여 치료에 힘쓰지마는 마음의 병은 병인 줄도 모르고 치료해 볼 생각을 내지 않나니 이 어찌 뜻 있는 이의 탄식할 바 아니리오. 〈소태산 대종사〉

1. 특신급 계문을 수계受戒하고 지키자.

특신급特信級 십계문

1. 공중사公衆事를 단독히 처리하지 말며,
2. 다른 사람의 과실過失을 말하지 말며,
3. 금은보패 구하는 데 정신을 빼기지 말며,
4. 의복을 빛나게 꾸미지 말며,
5. 정당하지 못한 벗을 좇아 놀지 말며,
6. 두 사람이 아울러 말하지 말며,
7. 신용 없지 말며,
8. 비단 같이 꾸미는 말을 하지 말며,
9. 연고 없이 때 아닌 때 잠자지 말며,
10. 예 아닌 노래 부르고 춤추는 자리에 좇아 놀지 말라.

2. 원불교 교리와 법규를 대강 이해하고 해석하자.

- '교리도'를 대강 이해하고 설명해 보자. -

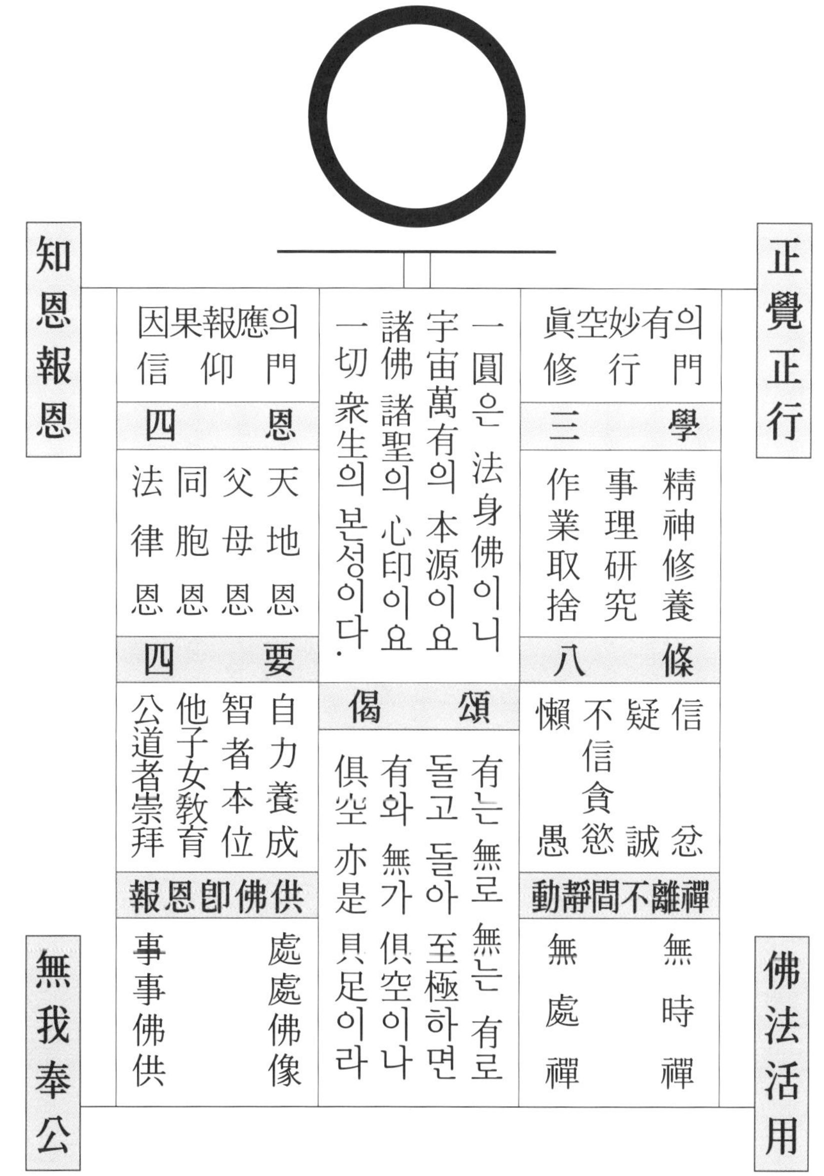

教理圖

3. 사업 생각 신앙 정성이 다른 데로 흐르지 않아야 하며
사대불이 신심에 대하여 이해하고 해석 하자.

사대불이 신심四大不二 信心

진리와 둘이 아닌 믿음
스승과 둘이 아닌 믿음
법과 둘이 아닌 믿음
회상과 둘이 아닌 믿음

4. 정기훈련 11과목을 대강 이해하고 해석하자.
- 각 과목에 대하여 수행 방법 등을 배우고 익히자.

공부인에게 정기定期로 법의 훈련을 받게 하기 위하여 정기 훈련 과목으로 염불念佛·좌선坐禪·경전經典·강연講演·회화會話·의두疑頭·성리性理·정기 일기定期日記·상시 일기常時日記·주의注意·조행操行 등의 과목을 정하였나니, 염불·좌선은 정신 수양 훈련 과목이요, 경전·강연·회화·의두·성리·정기 일기는 사리 연구 훈련 과목이요, 상시 일기·주의·조행은 작업 취사 훈련 과목이니라.

염불은 우리의 지정한 주문呪文 한 귀를 연하여 부르게 함이니, 이는 천지만엽으로 흩어진 정신을 주문 한 귀에 집주하되 천념 만념을 오직 일념으로 만들기 위함이요,

좌선은 기운을 바르게 하고 마음을 지키기 위하여 마음과 기운을 단전丹田에 주住하되 한 생각이라는 주착도 없이 하여, 오직 원적 무별圓寂無別한 진경에 그쳐 있도록 함이니, 이는 사람의 순연한 근본정신을 양성하는 방법이요,

경전은 우리의 지정 교서와 참고 경전 등을 이름이니, 이는 공부인으로 하여금 그 공부하는 방향로를 알게 하기 위함이요,

강연은 사리 간에 어떠한 문제를 정하고 그 의지를 해석시킴이니, 이는 공부인으로 하여금 대중의 앞에서 격格을 갖추어 그 지견을 교환하며 혜두慧頭를 단련시키기 위함이요,

회화는 각자의 보고 들은 가운데 스스로 느낀 바를 자유로이 말하게 함이니, 이는 공부인에게 구속 없고 활발하게 의견을 교환하며 혜두를 단련시키기 위함이요,

의두는 대소 유무의 이치와 시비 이해의 일이며 과거 불조의 화두話頭 중에서 의심나는 제목을 연구하여 감정을 얻게 하는 것이니, 이는 연구의 깊은 경지를 밟는 공부인에게 사리 간 명확한 분석을 얻도록 함이요,

성리는 우주 만유의 본래 이치와 우리의 자성 원리를 해결하여 알자 함이요,

정기 일기는 당일의 작업 시간 수와 수입 지출과 심신 작용의 처리 건과 감각感覺 감상感想을 기재시킴이요,

상시 일기는 당일의 유무념 처리와 학습 상황과 계문에 범과 유무를 기재시킴이요,

주의는 사람의 육근을 동작할 때에 하기로 한 일과 안 하기로 한 일을 경우에 따라 잊어버리지 아니하고 실행하는 마음을 이름이요,

조행은 사람으로서 사람다운 행실 가짐을 이름이니, 이는 다 공부인으로 하여금 그 공부를 무시로 대조하여 실행에 옮김으로써 공부의 실 효과를 얻게 하기 위함이니라.

5. 마음공부에 대하여 대강 이해하자.

- 마음은?

- 마음공부의 원리는?

- 마음공부의 방법은?

- 마음공부하는 프로그램은?

6. 특신급 상시일기를 기재記載 하자.

원기 년 월

특신급 상시일기

새 마음 새 몸 새 생활로 새 사람이 되어
새 가정 새 나라 새 세계 새 세상 이룩하자

원불교_____교당

법 명		휴대폰	
단 번		메 일	

특신급 상시일기 파일 다운로드 주소

http://cafe.daum.net/magong-agit/jxfX/9 

7. 『정전』 전체를 봉독하며 『대종경』 가운데 서품, 교의품, 수행품, 인과품, 신성품, 교단품을 봉독하자.

8. 『예전』과 『세전』을 읽고 대강 이해한 후 실천하자.

9. 『불조요경』 가운데 『반야바라밀다심경』은 외우고
『업보차별경』과 『사십이장경』은 대강 이해하고 해석하자.

10. 마음병 치료하기 프로그램을 진행하자.

1. 지금 세상은 어떠한 병이 들었는가?
2. 마음병을 치료하려면?
3. 마음병 치료 처방전 1
4. 제2 처방전
5. 낙원으로의 초대
6. 공부인의 아름다운 모습
7. 나를 변화시키기
8. 낙원 가는 길
9. 일원상 교리의 기초
10. 소태산 대종사 교법의 주체

※ '마음병 치료하기' 프로그램은 졸고 『마음공부를 디자인하다』에 있음.

11. 마음병 치료하는 처방전 1·2를 이해하자.

illustrator _ 김곰

제4과정
–
마음 난리 평정하는 도원수

마음 난리는 모든 난리의 근원인 동시에 제일 큰 난리가 되고, 이 마음 난리를 평정하는 법이 모든 법의 조종인 동시에 제일 큰 병법이 되느니라.
그러므로 그대들은 이 뜻을 잘 알아서 정과 혜를 부지런히 닦고 계율을 죽기로써 지키라.

〈소태산 대종사〉

1. 법마상전급 계문을 수계하고 지키자.

법마상전급法魔相戰級 십계문

1. 아만심我慢心을 내지 말며,
2. 두 아내를 거느리지 말며,
3. 연고 없이 사육四肉을 먹지 말며,
4. 나태懶怠하지 말며,
5. 한 입으로 두 말 하지 말며,
6. 망녕된 말을 하지 말며,
7. 시기심猜忌心을 내지 말며,
8. 탐심貪心을 내지 말며,
9. 진심瞋心을 내지 말며,
10. 치심痴心을 내지 말라.

2. 법法과 마魔를 일일이 분석하여 실천하자.

3. 우리의 경전 해석에 과히 착오가 없도록 하자.

4. 천만 경계 중에서 사심을 제거하는 데 재미를 붙이고 무관사無關事에 동하지 않도록 하자.

5. 법마상전法魔相戰의 뜻을 알아 법마상전을 하여
반수半數 이상 법의 승勝을 얻자.

6. 상시훈련에 더욱 관심을 갖고 정성을 들이자.

7. 법마상전급 상시일기를 기재하자.

원기 년 월

법마상전급 상시일기

새 마음 새 몸 새 생활로 새 사람이 되어
새 가정 새 나라 새 세계 새 회상 이룩하자

원불교______교당

법 명		휴대폰	
단 번		메 일	

법마상전급 상시일기 파일 다운로드 주소

http://cafe.daum.net/magong-agit/jxfX/10 

8. 속 깊은 마음공부를 하자.

9. 견성見性을 하는 데 공功들이자.

10. 『수심결』과 『휴휴암 좌선문』을 이해하고 공부하자.

11. '마음 난리 평정하기' 프로그램을 진행하자.

1. 사람은 살아가면서 중요한 것이 무엇인가?
2. 마음공부하는 목표
3. 삼학수행의 길
4. 견성, 빌려서라도 하라
5. 일원상을 체받는 공부
6. 『수심결』 공부하기 1
7. 『수심결』 공부하기 2
8. 『수심결』 공부하기 3
9. 신성으로 공부하라

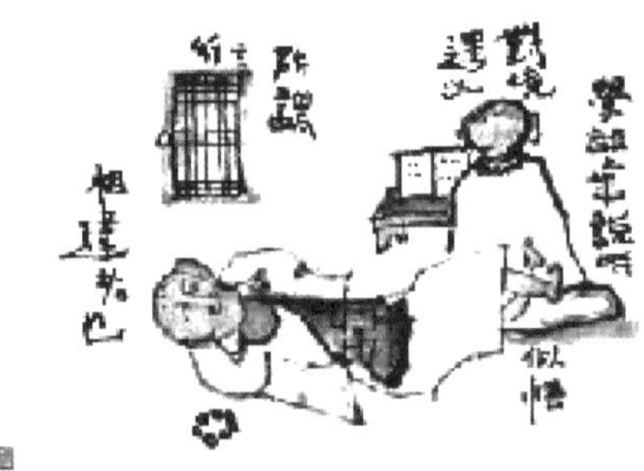

※ '마음 난리 평정하기' 프로그램은 졸고 『마음공부를 디자인하다』에 있음.

12. 교단에서 시행하는 연구과의 시험을 준비하자.

일러스트_김곰

제5과정

-

마음 밭 계발하는 농부

본래에 분별과 주착이 없는 우리의 성품性品에서 선 악 간 마음 발하는 것이 마치 저 밭에서 여러 가지 농작물과 잡초가 나오는 것 같다 하여 우리의 마음 바탕을 심전心田이라 하고 묵은 밭을 잘 개척하여 좋은 밭을 만들 듯이 우리의 마음 바탕을 잘 단련하여 혜복을 갖추어 얻자는 뜻에서 심전 계발啓發이라는 말이 있게 되었느니라. 〈소태산 대종사〉

1. 심계心戒를 갖고 이를 철저히 수행하자.

2. 육근을 응용하여 법마상전을 하되 법이 백전백승하자.
[삼십 계문을 한 조목이라도 범과해서는 안 될 것이다.]

3. 우리 경전의 뜻을 일일이 해석하고
대소 유무의 이치에 걸림이 없도록 해석하자.

4. 견성見性을 하자.

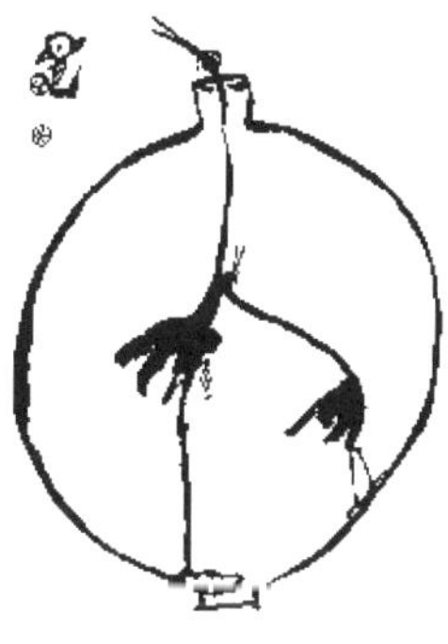

5. '생·노·병·사'에 해탈하자.

6. 법신불 일원상을 체 받아서 삼학 수행을 하자.

7. 불리자성不離自性하는 공부를 하자.

8. 동정일여의 무시선 공부를 하자.

9. 동정 간 삼대력三大力을 양성하자.

10. 심전계발하기 프로그램을 단계적으로 진행하자.

1. 당신의 마음 밭은?
2. 불교의 삼학三學 - 계戒 정定 혜慧
3. 원불교의 삼학 - 수양修養 연구研究 취사取捨
4. 유불선의 삼학 - 견성見性 양성養性 솔성率性
5. 마음공부 로드맵
6. 보통급이 달성해야 할 수준
7. 특신급이 달성해야 할 수준
8. 법마상전급이 달성해야 할 수준
9. 법강항마위가 달성해야 할 수준
10. 불지佛地에 이르는 길
11. 법신불 일원상을 체 받으라
12. 심농心農은 영생의 근본

※ '심전계발하기' 프로그램은 졸고 『마음공부를 디자인하다』에 있음.

11. 지도자가 되어 배우고 가르치는 일에 모범을 보이자.

제6과정

불보살의 길

이인의화 여쭙기를 "어떤 사람이 너희 교에서는 무엇을 가르치고 배우느냐고 묻는다면 어떻게 대답하오리까?" 대종사 말씀하시기를 "원래 불교는 일체유심조一切唯心造 되는 이치를 스스로 깨쳐 알게 하는 교이니 그 이치를 가르치고 배운다고 하면 될 것이요, 그 이치를 알고 보면 불생 불멸의 이치와 인과보응의 이치까지도 다 해결되느니라." 또 여쭙기를 "그 이치를 안 후에는 어떻게 공부를 하나이까?" 대종사 말씀하시기를 "마음이 경계를 대하여 요란하지도 않고 어리석지도 않고 그르지도 않게 하느니라."

〈소태산 대종사〉

1. 물샐틈없는 마음공부를 하자.

2. 원만한 마음공부법으로 수행하자.

3. 마음공부 로드맵을 설명해 보자.

보조과정
–
『수심결修心訣』 백 번 읽기

삼계의 뜨거운 번뇌가 마치 화택과 같거늘 거기에 참아 오래 머물러 긴 고통을 달게 받으랴. 윤회함을 면하고자 할진대 부처를 구함만 같지 못하고 만일 부처를 구하고자 할진대 부처는 곧 마음이니 마음을 어찌 멀리 찾으리오 각자의 몸 가운데를 여의지 아니하였노나. 색신은 이 거짓이라 생함도 있고 멸함도 있거니와 참 마음은 허공과 같아서 없어지지도 아니하고 변하지도 아니하나니라. 그런고로 "일백 뼈는 무너지고 흩어져서 불로 돌아가고 바람으로 돌아가되 한 물건은 길이 영령하여 하늘도 덮고 땅도 덮었다"하였나니라. 〈보조 지눌〉

수심결修心訣

1. 삼계의 뜨거운 번뇌가 마치 화택과 같거늘 거기에 참아 오래 머물러 긴 고통을 달게 받으랴. 윤회함을 면하고자 할진대 부처를 구함만 같지 못하고 만일 부처를 구하고자 할진대 부처는 곧 마음이니 마음을 어찌 멀리 찾으리오. 각자의 몸 가운데를 여의지 아니하였도다.

색신은 이 거짓이라 생함도 있고 멸함도 있거니와 참 마음은 허공과 같아서 없어지지도 아니하고 변하지도 아니 하나니라. 그런고로 "일백 뼈는 무너지고 흩어져서 불로 돌아가고 바람으로 돌아가되 한 물건은 길이 영령하여 하늘도 덮고 땅도 덮었다."고 하였느니라.

2. 슬프다. 이 세상 사람들이여 미 하여 온 지가 오랜지라 자기의 마음이 이 참 부처인 줄을 알지 못하고 자기의 성품이 이 참 법인 줄을 알지 못하여 법을 구하고자 하되 멀리 모든 성현에게서 찾으며 부처를 구하고자 하되 자기의 마음을 관觀하지 아니하나니,

『수심결』을 이해하는데 있어서 보조국사 스스로 질문에 대답하는 방식으로 풀어나가고 있으므로, 이 아홉가지 질문을 ①②③ ~ ⑨로 표시하였다.

만일 마음 밖에 부처가 있고 성품 밖에 법이 있다고 하여 굳게 이 뜻에 집착하여 불도를 구하고자 하는 이일진대 비록 티끌 같은 겁劫을 지내도록 몸을 태우고 팔을 불사르며 뼈를 깨어 골수를 내며 피를 뽑아 경을 쓰며 길이 앉아 눕지 아니하며 일종을 행하며 내지 일대장교一大藏敎를 다 읽어서 가지가지의 고행을 닦는다고 할지라도 마치 모래를 쪄서 밥을 지으려는 것과 같아서 스스로 괴로울 뿐이니 다만 자기의 마음만 알면 항하의 모래 수와 같을 수 없는 법문과 한량없는 묘한 의지를 구하지 아니하여도 얻으리니

그런고로 세존이 이르시기를 "널리 일체중생을 보니 모두 여래의 지혜와 덕상을 갖추어 있다." 하시고 또 이르시기를 "일체중생의 가지가지 환화가 다 여래의 원각묘심에서 생한다." 하시니, 이 알라 이 마음을 떠나서 부처를 가히 이루지 못할 지로다.

3. 과거의 모든 부처님도 다만 이 마음을 밝힌 사람이며 현재의 모든 현성들도 또한 이 마음을 닦은 사람이며 미래에 공부하는 사람들도 마땅히 이 법에 의지하여 수행할 것이니

원컨대 모든 수도하는 이는 간절히 마음 밖을 향하여 구하지 말지어다. 심성이 물듦이 없어서 본래에 스스로 두렷이 이루었나니, 다만 망연만 여의면 곧 여여한 부처니라.

4. 묻기를 "만일 불성이 현재 이 몸에 있다고 할진대 이미 몸 가운데 있는지라 범부를 여의지 아니하였거늘 무엇 때문에 나는 지금 불성을

보지 못하나이까? 다시 분명히 해석하여 다 깨치게 하소서." - ①

대답하기를 네 몸 가운데 있건마는 네가 스스로 보지 못하도다. 네가 하루 열두 시 가운데 배고픈 줄도 알고 목마른 줄도 알며 추운 줄도 알고 더운 줄도 알며 혹 진심瞋心도 내고 혹 기뻐하기도 하는 것이 필경에 이 어떠한 물건인고. 또 이 색신이라 하는 것은 흙과 물과 불과 바람이 네 가지 인연의 모인 바라 그 바탕이 완특하여 정식情識이 없는 것이니 어찌 능히 보고 듣고 깨닫고 알리오. 능히 보고 듣고 깨닫고 아는 것은 반드시 너의 불성이라. 그런고로 임제 대사께서 이르시기를 "사대四大가 능히 법을 설하고 법을 듣지 못하고 허공이 능히 법을 설하고 법을 듣지 못하되 다만 너의 눈앞에 역력히 홀로 밝아서 형상할 수 없는 것이라야 비로소 법을 설할 줄도 알고 법을 들을 줄도 안다." 하시니, 이른바 형상할 수 없는 것은 이 모든 부처님의 법인法印이며 또한 이것이 너의 본래심이니라.

5. 곧 불성이 현재 네 몸에 있거늘 어찌 밖에서 구하리오. 네가 만일 믿지 아니할진대 옛 성현들의 입도한 인연을 대략 들어서 너로 하여금 의심을 제거하게 하리니 너는 마땅히 진실히 믿을지어다.

옛적에 이견 왕이 바라제 존자에게 물어 말하기를 "어떠한 것이 부처이오니까?"

존자 답하기를 "견성을 하면 부처이옵나이다."

왕이 묻기를 "대사는 견성하셨나이까?"

존자 답하기를 "나는 불성을 보았나이다."

왕이 묻기를 "성품이 어느 곳에 있나이까?"

존자 답하기를 "작용하는 데 있나이다."

왕이 묻기를 "이 무엇이 작용이기에 나는 지금에 보지 못하나이까?"

존자 답하기를 "지금도 작용을 하건마는 왕이 스스로 보지 못하나이다."

왕이 묻기를 "그러면 나에게도 있나이까?"

존자 답하기를 "왕이 만일 작용을 하시면 불성 아님이 없거니와 왕이 만일 작용하지 않으시면 체體도 또한 보기가 어렵나이다."

왕이 묻기를 "작용할 때 당해서는 몇 군데로 출현하나이까?"

존자 답하기를 "만일 출현할 때는 마땅히 여덟 군데가 있나이다."

왕이 묻기를 "그 여덟 군데로 나타나는 것을 마땅히 나를 위하여 설하소서."

존자 답하기를 "태중에 있을 때에는 몸이요 세상에 처할 때는 사람이요, 눈에서는 보는 것이요 귀에서는 듣는 것이요, 코에 서는 냄새 맡는 것이요, 혀에서는 말하는 것이요 손에서는 잡는 것이요, 발에서는 걸어 다니는 것으로서 펴 놓으면 항하의 모래 수효와 같은 세계에 가득 차고 거둬들이면 한 미진 속에 들어가나니 아는 이는 이것을 불성이라 하고 모르는 이는 정혼精魂이라 하나이다." 왕이 이 말씀을 듣고 마음이 곧 열렸노라.

또 어떠한 중이 귀종 화상에게 묻기를 "무엇이 부처이오니까?" 귀종이 이르시되 "네가 지금 믿지 아니할까 염려하노라." 중이 묻기를 "화상의 진실하신 말씀을 어찌 감히 믿지 아니하오리까." 대사 이르시되 "곧 네가 부처니라." 중이 묻기를 "어떻게 보림 공부를 하오리까." 대사 이르시되 "한 티끌이 눈에 있으매 허공 꽃이 요란하게 떨어지느니라." 하시니, 그 중이 언하에 크게 깨달으니라.

6. 이상에 들어 말한바 옛 성인들의 도에 들어온 인연이 명백하고 간이하여 힘을 더는 데에 방해롭지 아니하니 이러한 공안을 인하여 만일 믿어 아는 곳이 있고 보면 곧 옛 성인으로 더불어 손을 잡고 한 가지 행하리라.

7. 묻기를 "그대가 말하는 견성이 만일 참으로 견성일진대 곧 이 성인인지라 마땅히 신통 변화를 나투어 사람으로 더불어 다름이 있을 것이거늘 어찌한 연고로 지금 시대의 마음 닦는 무리는 한 사람도 신통 변화를 나타냄이 없나이까?" – ②

8. 대답하기를 "너는 함부로 망녕된 말을 하지 말라. 사邪와 정正을 분간하지 못하는 것이 이 미하고 전도한 사람이니 금시에 수도하는 사람들이 입으로는 진리를 말하되 마음으로는 퇴굴심을 내어 도리어 대중없는 공부에 떨어진 이가 다 너의 의심하는 바이니, 도를 배우되 선후를 알지 못하며 이치를 설하되 본말을 가리지 못하는 이는 이 사견이라

이름할 것이요 수도라 이름하지 못할지니 오직 저만 그릇될 뿐 아니라 또한 다른 사람까지 그르쳐 주나니 어찌 가히 삼가지 아니할 바이라.

9. 대범 도에 들어오는 문이 많으나 강령으로써 말할진대 돈오와 점수의 두 문에 벗어나지 않나니, 비록 가로되 돈오돈수는 이 최상 근기를 가진 분들의 들어가는 바라 하나 만일 과거를 미루어 볼진대 이도 이미 여러 생에 깨달음을 의지하여 닦고 닦아서 점점 훈습 해오다가 금생에 이르러 법을 들으면 곧 발오發悟하여 한 때에 문득 깨달아 닦아 마치나니 사실로써 말할진대 이도 또한 먼저 깨달아 뒤에 닦은 근기니 이 돈오와 점수의 두 문은 일천 성현의 밟아온 궤도라.

그러므로 모든 옛 성현들도 먼저 깨닫고 뒤에 닦으며 닦음을 인하여 증득하지 아니함이 없나니 이른바 신통 변화라 하는 것은 깨달음을 의지하여 닦아서 점점 훈습한 결과에 나타나는 것이요 견성하는 그 즉시에 발현하는 것이 아니니라.

10. 지 경에 이르시기를 "이치는 곧 문득 깨달을지라 깨달음을 따라 모든 의심이 일시에 사라지려니와 다생에 익힌 습관은 단번에 없애지 못 할지라 차례로써 닦음을 인하여 다 한다." 하셨나니, 그런고로 규봉 선사께서 깊이 먼저 깨닫고 뒤에 닦는 의지를 밝혀 말하기를 "얼음 못이 온전히 이 물인 줄은 알았으나 양기를 빌려서 녹이고 범부가 곧 부처인 줄은 알았으나 법력을 의지하여 닦을지니, 얼음이 녹은 즉 물흐름이 윤활하여 곧 물 대고 씻는 공효를 나타낼 것이요 망념이 다한 즉 심

령이 통하여 마땅히 걸림 없는 광명을 얻어 임의로 활용하게 된다." 하시니,

밖으로 나타나는 신통 변화는 하룻날에 능히 이룰 바가 아니요 점점 훈습한 결과에 스스로 나타나는 것임을 이에 알겠도다. 하물며 신통 변화라 하는 것은 통달한 사람의 분상分上에는 오히려 요망하고 괴이한 일이며 또한 성현의 말변사라 비록 혹 나타났다 할지라도 아무 소용이 없거늘 금시에 미하고 어리석은 무리는 망녕되이 한 생각을 깨달을 때 곧 따라서 한량없는 묘용과 신통 변화를 얻는다고 하니 만일 이러한 견해를 가질진대 이른바 선후를 알지 못하며 또한 본말을 분간하지 못함이니 이미 선후 본말을 분간하지 못하고 불도를 구하고자 할진대 마치 모난 나무를 가지고 둥근 구멍에 맞추려 함이니 어찌 크게 어긋남이 아니리오.

11. 이미 공부하는 길을 알지 못하는 고로 어렵고 아득한 생각을 지어서 스스로 퇴굴심을 내어 부처의 종성種性을 끊는 이가 많지 않다고 할 수 없는지라 이미 스스로 밝지 못할 새 또한 다른 사람의 깨친 것을 믿지 아니하여 신통이 없는 이를 보면 이에 경만심을 내어 어진 이를 속이고 성현을 속이나니 진실로 가히 불쌍한 일이로다.

12. 묻기를 "그대가 돈오와 점수의 두 문은 일천 성인의 궤도라 하니 깨치기를 이미 문득 깨쳤을진대 점수할 필요가 무엇이며 닦기를 만일 점점 닦았을진대 어찌 돈오라고 말하리오. 돈오와 점수의 두 가지 뜻을

다시 펴 말씀하시와 나로 하여금 남은 의심을 제거하게 하소서." - ③

대답하기를 "돈오라 하는 것은 범부가 미 했을 때에 사대로 몸을 삼고 망상으로 마음을 삼아서 자성이 참 법신인 줄을 알지 못하며 자기 영지靈知가 참 부처인 줄을 알지 못하고 마음 밖에 부처를 구하여 물결과 물결을 따라서 허망하게 돌아다니다가 홀연히 선지식의 지시를 힘입어서 정로에 찾아 들어 한 생각으로 빛을 돌이켜 자기의 본성을 보니 이 성품 자리에는 원래에 번뇌가 없고 샘이 없는 지혜가 본래 스스로 구족하여 곧 모든 부처님으로 더불어 털끝만치도 다름이 없는 것을 알았을 새 그런고로 돈오라 하는 것이요,

13. 점수라 하는 것은 비록 본성이 부처님으로 더불어 다름이 없음을 알았으나 다생겁래로 익혀온 습기를 졸연히 다 제하기가 어려운 고로 깨달음에 의지하여 닦아서 점점 훈습하여 공을 이루어 성태聖胎를 장양하여 오래오래 한 뒤에라야 성인을 이룰 새 그런고로 점수라 하나니, 비컨대 어린아이가 처음 나는 날에 육근을 갖춤이 다른 사람과 조금도 다름이 없으나 그러나 그 힘이 충실하지 못하여 오랜 세월을 지낸 뒤에라야 비로소 성인成人이 되는 것과 같으니라.

14. 묻기를 "어떠한 방편을 지어야 한 생각으로 기틀을 돌이켜 문득 자성을 깨치게 되오리까?" - ④

대답하기를 "다만 네 마음이거늘 다시 무슨 방편을 지으리오. 만일 방편을 지어서 다시 앎을 구할진대 비컨대 한 사람이 있어 자기의 눈을 보지 못하고 이르되 눈이 없다고 하여 다시 구해 보고자 하는 것과 같도다. 이미 자기의 눈이거니 어떻게 다시 볼 수가 있으리오. 만일 잃지 않은 줄만 알면 그것이 곧 눈을 본 사람이라 다시 구해 볼 마음이 없거니 어찌 보지 아니하였다는 생각이 있으리오. 자기의 영지도 또한 이와 같아서 이미 자기의 마음이거니 어찌 다시 앎을 구하리오. 만일 앎을 구할진대 문득 얻지 못할 줄을 알 것이니 다만 알지 못할 줄을 알면 이것이 곧 견성한 것이니라."

15. 묻기를 "상상 근기를 가진 사람은 들으면 곧 쉽게 알려니와 중하 근기를 가진 사람은 의혹심이 없지 아니할지니 다시 방편을 말씀하시어 미한 이로 하여금 깨쳐 들어가게 하옵소서."-⑤

대답하기를 "도는 알고 알지 못하는 데에 속하지 아니한 것이니 너는 미함을 가져 깨달음을 기다리는 마음을 제해 버리고 나의 말을 들어라. 모든 법이 꿈과 같으며 또한 환화와 같은 고로 망녕된 생각이 본래에 적적하고 티끌 경계가 본래에 공해서 모든 법이 다 공한 곳에 영령하게 아는 것이 매하지 아니하나니 이 공적한 가운데 영지하는 마음이 곧 네 본래 면목이며 또한 이 삼세제불과 역대 조사와 천하 선지식의 밀밀히 서로 전하시는 법인이니라. 만일 이 마음을 깨달으면 참으로 이른바 계단을 밟지 아니하고 지름길로 부처의 지위에 올라서 걸음걸음이 삼계를 초월하며 집에 돌아와서 문득 모든 의심을 끊을지라 인천의 스승이 되어 자비와 지혜가 서로 도와서 자리이타를 아울러 행하여 인천의 공양을 능히 받되 날로 만량 황금을 소비시키리니 네가 만일 이러할진대 참으로 대장부라 일생에 할 일을 이미 마치었다 할지니라."

16. 묻기를 "나의 분상에 있어서는 어떠한 것이 이 공적 영지의 마음입니까." - ⑥

대답하기를 "네가 지금 나에게 묻는 것이 너의 공적 영지의 마음이니, 어찌 반조해 보지 못하고 오히려 밖으로 찾는가? 내가 지금 너의 분상에 의지하여 바로 본심을 가리켜서 네가 문득 깨치게 하리니 너는 마땅히 마음을 청정히 하여 나의 말을 들어라. 아침으로부터 저녁에 이르도록 열두 때 가운데 혹 보며 혹 들으며 혹 웃으며, 혹 말하며 혹 성내며 혹 기뻐하며 혹 옳다 혹 그르다 하여 가지가지로 베풀어 행하고 운전하나니, 말하여 보라 필경에 이 누가 능히 이렇듯 운전하고 베풀어 행하게 되는고."

17. 만일 색신이 운전한다고 할진대 어찌하여 사람이 한 생각을 끊어 명命을 마치면 시체가 아직 썩고 무너지지 아니하였으되 곧 눈이 스스로 보지 못하며 귀가 능히 듣지 못하며, 코가 냄새를 맡지 못하며 혀가 말하지 못하며, 몸이 움직이지 못하며 손이 잡지 못하며 발이 걷지 못하느냐. 능히 보고 듣고 동작하는 것이 반드시 네 본심이요 네 색신

이 아님을 이에 알겠도다. 하물며 이 색신은 사대의 성품이 공하여 저 거울 속에 형상과 같으며 물 가운데 있는 달과 같나니, 어찌 능히 요요하게 항상 알며 밝고 밝아 어둡지 아니하여 드디어 항하의 모래 수와 같은 묘용을 느껴 통하리오. 그런고로 이르시기를 "신통과 아울러 묘용이 물 긷고 나무 운반하는 것이라." 하였느니라.

18. "또한 성리에 들어가는 길이 많으나 너에게 한 문을 가리켜서 너로 하여금 본원처에 돌아가게 하리니, 네가 또한 까마귀 울고 까치 지저귀는 소리를 듣느냐?" "듣나이다." "네가 또한 너의 듣는 성품 가운데에도 허다한 소리가 있음을 듣느냐?" "이 속에 이르러서는 일체의 소리와 일체의 분별을 함께 가히 얻지 못하리다." "기특하고 기특하다. 이것이 이 관음보살의 성리에 들어가신 문이로다. 내 지금 너에게 물으니, 네가 이르기를 '이 속에 이르러서는 일체의 소리와 일체의 분별을 다 가히 얻지 못한다.' 하니, 이미 가히 얻지 못할진대 이러한 때를 당하여는 이 허공이 아니냐?" "원래 공하지 아니하여 밝고 밝아 어둡지 아니하나이다." "어떤 것이 이 공하지 아니한 체성인고." "또한 형상과 얼굴이 없는지라 말로써 가히 미치지 못하리다." "이것이 모든 부처님과 모든 조사의 수명이니 다시 의심하지 말지어다."

19. 이미 형상과 모양이 없을진대 또한 크고 작음이 있겠느냐? 이미 크고 작음이 없을진대 또한 가와 중간이 있겠느냐? 가와 중간이 없는 고로 안과 밖이 없고, 안과 밖이 없는 고로 멀고 가까운 것이 없고,

멀고 가까운 것이 없는 고로 피차가 없나니, 피차가 없은 즉 오고 가는 것이 없고, 오고 가는 것이 없은 즉 나고 죽는 것이 없고, 나고 죽는 것이 없은 즉 예와 이제가 없고, 예와 이제가 없은 즉 미하고 깨침이 없고, 미하고 깨침이 없은 즉 범부와 성인이 없고, 범부와 성인이 없은 즉 물들고 조촐함이 없고, 물들고 조촐함이 없은 즉 옳고 그름이 없고, 옳고 그름이 없은 즉 일체의 이름과 말을 다 가히 얻지 못할지니, 이미 다 없음이 이와 같아서 일체의 근根과 경境과 일체의 망념과 내지 가지가지의 형상과 모양과 가지가지의 이름과 말을 한 가지 얻지 못할진대 이 어찌 본래에 공적하며 본래에 물物없음이 아니리오.

20. 그러나, 모든 법이 다 공한 곳에 영지가 매하지 아니하여 무정물과 같지 아니하고 성품이 스스로 신기롭게 아나니 이것이 곧 네 공적영지의 청정한 심체라 이 청정하고 공적한 마음이 삼세 모든 부처님의 가지신 밝은 마음이며 또 일체중생의 본원 각성이니, 이것을 깨달아 지키는 이는 온전하고 한결같은 사리에 앉아 촌보도 움직이지 아니하고 해탈을 얻을 것이요 이것에 미하여 배반한 이는 육취六趣에 흘러 긴 겁을 윤회하나니라.

그런고로 이르기를 "한마음이 미하여 육취에 가는 이는 자성을 떠나는 것이요 동動하는 것이며 법계를 깨쳐 한마음을 회복한 이는 자성에 돌아오는 것이요 정靜하는 것이라." 하시니, 비록 미하고 깨침이 다를지언정 그 본원인즉 하나라 그러므로 말씀하시기를 "말한바 법이란 것은 중생의 마음을 이름이라." 하시니라. 이 공적한 마음은 성인에게 있어 더하지 아니하고 범부에게 있어 덜하지 아니한지라. 그런고로 말씀하시기를 "성인의 지혜 가운데 있어서도 빛나지 아니하고 범부의 마음 가운데 숨어서도 매하지 아니한다." 하시니, 이미 성인에게 더하지도 아니하고 범부에게 덜하지 아니할진대 부처님과 조사가 무엇이 사람에 다름이 있으리오. 이로써 사람에 다르다 하는 것은 능히 스스로 마음을 잘 두호해 가지시는 것뿐이니라.

21. 네가 만일 신심을 얻으면 모든 의심이 문득 쉬리니, 장부의 뜻을 내며 진정한 견해를 발하여 친히 그 맛을 보아 스스로 긍정하는 땅에 이른즉 이것이 마음 닦는 사람의 깨친 곳이라 다시 계급과 차제가 없을새 그런고로 돈오라 한 것이니, 이처럼 말씀하시기를 "믿는 인因의 가운데 모든 부처님의 과덕果德에 계합하여 털끝만치도 다르지 아니하여야 바야흐로 참 신심을 이룬다." 하니라.

22. 묻기를 "이미 이 이치를 깨쳤을진대 다시 계급이 없거늘 어찌 뒤에 닦아서 점점 훈습하여 점점 이룬다 하리이까?"- ⑦

대답하기를 "깨친 뒤에 점점 닦는 뜻을 앞에 이미 갖추어 말하였거늘 아직도 의심을 놓지 못하니 한 번 더 말하여 주는 것도 무방할지라 너는 마땅히 마음을 청정히 하여 자세히 듣고 자세히 들으라. 범부가 비롯이 없는 광대의 겁으로부터 금일에 이르기까지 오도五道에 윤회하여 생을 받아 올 때나 죽어 갈 때나 나라 하는 것에 굳게 집착하여 망상 전도와 무명 습기로 오래오래 습관이 되었을 새 금생에 이르러서 문득 자성이 본래에 공적하여 부처님으로 더불어 다름이 없음을 알았으나 옛 습관을 졸연히 제거하기가 어려운 고로 역경과 순경을 만나매 성내고 기뻐하는 마음과 옳으니 그르니 하는 마음이 성하게 일어나서 객진 번뇌가 전과 더불어 다름이 없나니 만일 반야로써 공을 더하고 힘을 들이지 아니하면 어찌 능히 무명을 대치하여 크게 쉬고 크게 쉬는 땅에 이르게 되리오."

이와 같이 말씀하시기를 "깨친 바가 비록 부처님과 같으나 다생에 습기가 깊은지라 바람은 잤건마는 물결은 오히려 출렁거리고 성리는 나타났건마는 망념은 오히려 침노한다." 하며, 또 종고 선사께서 말씀하시기를 "왕왕히 재주 있는 무리가 많은 힘을 들이지 아니하고 견성을 하면 문득 용이한 생각을 내어 다시 닦고 다스리지 아니하다가 날이 오래고 달이 깊으면 전과 같이 유랑하여 악도 윤회를 면하지 못한다." 하시니, 어찌 가히 한 때에 깨친 바로써 문득 뒤에 닦는 것을 저버리리오.

그런고로 깨친 뒤에 항상 바땅히 비추고 살펴서 망념이 홀연히 일어나거든 도무지 따르지 말고 덜고 또 덜어서 덜 것이 없는 지경에 이르러야 비로소 구경처에 도달할 것이니, 천하 선지식들의 깨친 뒤에 목우행이 이것이니라.

23. 비록 뒤에 닦음이 있다 하나 이미 먼저 망념이 본래에 공하고

심성이 본래에 청정함을 깨쳤을 새 악을 끊되 끊음이 끊는 바가 없고 선을 닦되 닦음이 닦는 바가 없나니 이것이 이에 참으로 닦고 참으로 끊는 것이라 그런고로 이르시기를 "비록 만행을 갖추어 닦으나 오직 무념으로써 종宗을 삼는다."고 하시고 규봉 선사께서 먼저 깨치고 뒤에 닦는 뜻을 총괄적으로 판단해 말하기를 "이 성품이 원래 번뇌가 없고 샘이 없는 지혜 성품이 본래 스스로 구족함이 부처님으로 더불어 다름이 없음을 문득 깨쳐서 이에 의지하여 닦는 이는 이 최상승선이라 이름하며 또한 여래의 청정선이라 이름하나니라. 만일 능히 생각 생각을 닦아 익히면 자연히 점점 백천 삼매를 얻으리니 달마 문하에 펴서 운전하여 서로 전하여 온 것이 곧 이 선이라." 하나니, 곧 돈오와 점수의 두 뜻이 수레의 두 바퀴와 같아서 하나만 빠져도 옳지 못하느니라.

24. 어떤 이는 선악의 성품이 공함을 알지 못하고 굳이 앉아 움직이지 아니하여 몸과 마음을 억지로 눌러 항복 받기를 마치 돌로써 풀을 누르는 것과 같이하면서 마음을 닦는다고 하니 이것이 크게 미혹함이로다. 그런고로 이르시기를 "성문은 마음 마음이 미혹을 끊되 능히 끊는 마음이 이 도둑이라." 하시니, 다만 살생과 도적과 간음과 망어가 성품으로 좇아 일어남을 자세히 관하면, 일어나되 곧 일어남이 없는지라 당처가 문득 고요하나니 어찌 반드시 다시 끊으리오. 그런고로 이르시기를 "생각이 일어나는 것을 두려워하지 말고 오직 깨침이 더딤을 두려워하라." 하며 또 이르시기를 "생각이 일어나면 곧 깨치라. 깨치면 곧 없어진다." 하시니, 그런고로 깨친 사람의 분상에는 비록 객진 번뇌

가 있으나 한 가지로 제호를 이루나니 다만 미혹된 마음이 근본이 없는 자리를 비추어 보면 허공 꽃과 같은 삼계가 바람에 연기 같이 걷어지고 육진 번뇌가 끓는 물에 얼음 녹듯 하리라.

25. 만일 능히 이와 같이 생각 생각이 닦고 익혀서 본래 면목을 비추어 봄을 잊지 아니하여 정定과 혜慧를 평등하게 가지면 곧 사랑하고 미워하는 것이 자연히 담박해지고 자비와 지혜가 자연히 더하고 밝으며 모든 죄업이 자연히 없어지고 공부가 자연히 더 진보되어 모든 번뇌가 다 하는 때에 생사가 끊어질 것이요 만일 미세한 번뇌까지라도 영원히 끊어 버리고 원각대지가 훤하게 홀로 나타나면 곧 천백억 화신을 나투어 시방세계 어느 국토에든지 느낌에 다다르고 기틀에 응하되 마치 저 한 바퀴 둥근 달이 중천에 나타나매 그 그림자가 천강 만수에 비침과 같아서 응용함이 한량없어서 유연 중생을 제도하되 쾌락하여 근심이 없으리니 이름을 대각 세존이라 하나니라.

26. 묻기를 "깨친 뒤 닦는 문 가운데 정과 혜를 평등하게 가진다는 뜻을 실로 밝게 알지 못하오니 나시 베풀어 말씀하시와 자세히 보이이 미한 소견을 열으사 하여금 해탈의 문에 들게 하소서." - ⑧

대답하기를 만일 법의를 베풀어 말할진대 성리에 드는 문이 많으나 정과 혜 아님이 없고 그 강요를 취하건대 다만 자성상의 체와 용 두 가지뿐이니 앞에 말한 공적 영지가 이것이라 정은 이 체요 혜는 이 용이니 체에 나아가 용이 있는 고로 혜가 정을 여의지 아니하고 용에 나아가 체가 있는 고로 정이 혜를 여의지 아니하며 정이 곧 혜인 고로 고요한 가운데에도 항상 신령하게 아는 지혜가 있고 혜가 곧 정인 고로 신령하게 알면서도 항상 고요한지라 그러므로 육조 대사께서 말씀하시기를 "심지가 요란하지 아니함이 자성의 정이요 심지가 어리석지 아니함이 자성의 혜라" 하시니, 만일 이와 같음을 깨쳐서 공적 영지를 임의로 운전하며 막히고 밝음이 둘이 아닌 즉 이것이 곧 돈오문에 정과 혜를 쌍으로 닦는 것이니라.

27. 만일 말하기를 "먼저 적적함으로써 분별 망상을 다스리고 뒤에 성성함으로써 혼침에 떨어짐을 다스린다."고 하여 선후로 대치하여 혼침과 산란을 고르게 골라서 정靜에 드는 이는 이 점수문 중에 하열한 근기의 행하는 바라 비록 성성하고 적적함을 평등하게 갖는다고 하나 고요함을 취하여 수행을 삼음을 면하지 못할지니 어찌 성품을 요달한 사람들의 본래 고요하고 본래 아는 자리를 여의지 아니하고 정과 혜를 임의로 운전하여 쌍으로 닦는 이가 되리오. 그런고로 육조 대사께서 말씀하시기를 "스스로 깨쳐 수행함은 다툼에 있지 아니하나니 만일 선후를 다투면 곧 이 미한 사람이라." 하시느니라.

28. 곧 통달한 사람의 분상에 정과 혜를 평등하게 가지는 뜻은 공부하는 데 별로 딴 공력을 쓰지 아니하는지라 원래에 스스로 함이 없어서 다시 특별한 처소와 시절이 없을 새 빛을 볼 때와 소리를 들을 때도 다

만 이러하며, 옷 입고 밥 먹을 때도 다만 이러하며 대소변 볼 때도 다만 이러하며 사람을 대하여 말할 때도 다만 이러하며, 행하고 머물고 앉고 누울 때와 혹 말하고 혹 묵묵하고 혹 기뻐하고 혹 성내는 데에 이르기까지 일체 시중에 낱낱이 이와 같이 하되 마치 빈 배를 물결에 멍에 하매 높은 것을 따르고 낮은 것을 따르는 것과 같으며 물이 산을 끼고 돌매 굽은 곳을 만나면 굽은 데로 가고 곧은 곳을 만나면 곧은 데로 가는 것과 같아서 마음 마음이 분별이 없나니 오늘에도 헌거롭게 임의로 운전하고 내일에도 헌거롭게 임의로 운전하여 모든 인연을 따라 순하되 막히고 걸림이 없으며 선을 닦되 닦는 상이 없고 악을 끊되 끊는 상이 없어서 순박하고 곧아서 거짓됨이 없고 보고 듣는 것이 심상한지라 한 티끌도 상대되는 것이 없거니 어찌 방탕한 생각을 보내려고 하는 공력을 수고로이 하며 한 생각의 정욕도 내지 않는지라 망녕된 인연을 잊으려고 하는 힘을 빌릴 것이 없으니라.

29. 그러나, 업장이 두텁고 습관이 무거우며 법을 관하는 힘이 약하고 마음이 떠서 무명의 힘은 크고 반야의 힘은 적으므로 선악 경계에 동정이 서로 번갈아 번뇌를 일어냄을 면치 못하여 마음이 편하고 담담하지 못한 이는 인연을 잊고 방탕을 없애는 공부가 없지 못할지니 이처럼 말씀하기를 "육근이 경계를 대하되 마음이 경계에 끌리지 아니하는 것을 정이라 하고 마음과 경계가 한가지로 공하여 비추어 보는 것이 미혹됨이 없는 것을 혜라." 하니 이 비록 수상문 정혜라 점수문 가운데 하열한 근기의 행하는 바이나 망연을 대치하는 문 가운데에는 가히 없지

못할지니라.

만일 산란심이 불같이 일어난 즉 먼저 정으로써 자성 본리에 맞추어 흩어진 마음을 거두어들여 마음이 망녕된 인연을 따르지 아니하여 본래 고요한 자리에 계합하게 하고 만일 혼침이 많은 즉 혜로써 법을 택하고 공을 관하여, 비추어 보는 것이 미혹됨이 없어서 근본 지혜에 계합하게 할지니 정으로써 난상을 다스리고 혜로써 무기를 다스려 동정의 상이 없어지고 대치하는 공이 다한즉 경계를 대하여도 생각 생각이 근본에 돌아오고 인연을 만나도 마음 마음이 도에 계합하여 자유로이 운전하고 쌍으로 닦아 곧 일 없는 사람이 될 것이니 만일 이처럼 하면 참으로 정과 혜를 평등하게 가져 밝게 불성을 본이라 할 것이니라.

30. 묻기를 그대의 판단한 바에 의지할진대 깨친 후에 닦는 문 가운데에 정과 혜를 평등하게 가지는 뜻이 두 가지가 있으니, 하나는 자성정혜요 둘은 수상 정혜라 자성문 정혜는 "본래 고요하고 본래 아는 것을 임의로 운전하여 원래에 스스로 함이 없어서 한 티끌도 상대되는 것이 없거니 어찌 방탕한 생각을 보내려고 하는 공력을 수고로이 하며 일념의 정욕도 내지 아니하는지라 망녕된 인연을 잊으려 할 것이 없다." 하여, 판단해 말하기를 "이것이 돈오문 가운데 자성을 떠나지 아니하고 정과 혜를 평등하게 가지는 것이라." 하고, 수상문 정혜는 "자성에 맞추어 흩어진 마음을 거두며 법을 택하고 공을 관하되 혼침과 산란을 고르게 골라 함이 없는 데에 들어간다." 하여, 판단해 말하기를 "이것

이 점수문 가운데 하열한 근기의 행하는 바라." 하니 이 정혜 두 문에 나아가 의심이 없지 아니하옵니다.

31. 만일 한 사람이 행할 바라 할진대 먼저 자성문에 의지하여 정과 혜를 쌍으로 닦은 연후에 다시 수상문 대치의 공을 쓰나이까? 그렇지 아니하면 먼저 수상문에 의지하여 혼침과 산란을 고르게 고른 연후에 자성문에 들어가나이까? 만일 먼저 자성문 정혜에 의지한 즉 공적 영지를 임의로 운전하여 다시 대치하는 공력이 없거니 어찌 모름지기 다시 수상문 정혜를 취하리오. 결백한 옥을 가져 문채를 아로새겨 덕을 상함과 같고, 만일 먼저 수상문 정혜로써 대치의 공을 이룬 연후에 자성문에 나아간 즉 완연히 이 점수문 중에 하열한 근기의 깨치기 전에 점점 훈습하여 닦는 것이니 어찌 돈오문 가운데 먼저 깨치고 뒤에 닦아 공 없는 공을 쓰는 것이라 할 것이며,

32. 만일 한 때라 전후가 없은 즉 두 문의 정혜에 돈과 점이 다름이 있나니 어찌 한 때에 아울러 행하리오. 곧 돈오문에는 자성문을 의지하여 공적 영지를 임의로 운전하여 공용이 없는 것이요 점수문에 하열한 근기는 수상문에 나아가 대치하는 공력을 수고롭게 하는 것이니 두 문의 근기가 돈점이 다르고 우열이 명백하거늘 어찌 먼저 깨치고 뒤에 닦는 문 가운데에 두 가지를 같이 해석하나이까? 청컨대 나를 위하여 알려 주시와 의심을 끊게 하소서. - ⑨

대답하기를 해석이 명백하거늘 네가 스스로 의심을 내는 도다. 말을 따라 사량을 내면 점점 의혹이 날 것이요 뜻을 얻고 말을 잊으면 힐난할 것이 없느니라. 만일 돈오와 점수 두 문에 나아가 각각 행하는 바를 판단할진대 자성문 정혜를 닦는 이는 이것이 이 돈오문에 공 없는 공을 닦아 아울러 운전하고 쌍으로 고요하여 스스로 자성을 닦아 스스로 불도를 이루는 것이요,

33. 수상문 정혜를 닦는 이는 이 깨치기 전 점수문의 하열한 근기가 대치하는 공력을 써서 마음 마음이 미혹을 끊어 고요함을 취하여 수행으로 삼는 것이니 이 두 문의 행하는 바가 돈과 점이 각각 다른지라 가히 섞어 어지럽게 말지어다. 그러나 깨친 뒤에 닦는 문 가운데 수상문 대치를 겸해 말하는 것은 온전히 점수문 가운데 하열한 근기의 행하는 바를 취하는 것이 아니라 그 방편을 취하여 길을 빌려서 익힐 따름이니, 어찌한 연고인고. 이 돈오문 중에서도 또한 근기가 승한 이도 있고 근기가 하열한 이도 있어서 가히 한 예로 그 행리行李를 판단하지 못할지니,

34. 만일 번뇌가 담박하고 몸과 마음이 가볍고 편안하여 선을 닦되 닦는 상을 떠나고 악을 끊되 끊는 상을 떠나서 팔풍[八風=利·衰·毁·譽·稱·譏·苦·樂]에 동하지 아니하고 삼수[三受=苦受·樂受·捨受]가 고요한 이는 자성의 정혜를 의지하여 공적 영지를 임의로 운전하고 쌍으로 닦아서 천진하여 짓는 바가 없고 동과 정이 항상 선禪인지라 자연의 이치를 성취하

거니 어찌 수상문의 대치하는 법을 빌리리오. 병이 없으면 약을 구하지 않으니라. 비록 먼저 문득 깨쳤으나 번뇌가 농후하고 습기가 굳고 무거워서 경계를 대하매 생각 생각이 망정妄情을 내고 모든 인연을 만나매 마음 마음이 상대를 지어서 혼침과 산란의 부림을 입어 공적 영지의 떳떳함을 매각한 이는 곧 수상문 정혜를 빌려 대치하는 공부를 잊지 말고 혼침과 산란을 고르게 골라 함이 없는 데에 들어가는 것이 곧 마땅한 일이니 비록 대치하는 공부를 빌려 잠깐 습기를 조복 받으나 먼저 문득 심성이 본래 청정하고 번뇌가 원래 공한 자리를 깨친 고로 곧 점수문 가운데 하열한 근기의 오염수에 떨어지지 아니하나니,

35. 왜냐하면 깨지 못하고 닦는 것은 비록 공력을 써서 잊지 아니하여 생각 생각이 훈습해 닦으나 닿는 곳마다 의심을 내어 마음 가운데 걸려 있음이 마치 한 물건이 가슴 가운데 걸려 있음과 같아서 편안하지 못한 모양이 항상 앞에 나타나 있다가 일구월심하여 대치하는 공력이 순숙한즉 신심身心 객신이 가볍고 편안해짐과 흡사하리니 비록 또한 가볍고 편안하다 하나 의심 뿌리를 끊지 못함이 돌로 풀을 누르는 것과 같아서 오히려 생사 경계에 자유로움을 얻지 못할 새 그런고로 이르시기를 "깨지 못하고 닦는 것은 참으로 닦는 것이 아니라." 하시니라.

깨친 사람의 분상에는 비록 대치하는 방편이 있으나 생각 생각이 의심이 없어서 오염수에 떨어지지 아니하나니 일구월심하면 자연히 천진 묘성에 계합하여 공적 영지를 임의로 운전하여 생각 생각이 일체 경계를 반연하되 마음 마음이 길이 모든 번뇌를 끊으며 자성을 여의지 아

니하고 정과 혜를 평등하게 가져 무상보리를 성취하되 앞에 근기가 승한 이로 더불어 다시 차별이 없나니 곧 수상문 정혜가 비록 이 점수문에 하열한 근기의 행하는 바나 통달한 사람의 분상에는 가히 이르되 쇠를 단련하여 금을 이룸이라 만일 이와 같음을 안즉 어찌 두 문 정혜로써 선후 차제의 두 가지 소견을 내는 의심이 있으리오.

36. 원컨대 모든 도 닦는 사람은 이 말을 잘 연구하고 맛을 붙여 다시 의심하여 스스로 퇴굴심을 내지 말지어다. 만일 장부의 뜻을 갖추어 무상보리를 구하는 이 일진대 이것을 놓고 무엇을 하리오. 간절히 문자에만 집착하지 말고 바로 진실한 자리를 요달하여 낱낱이 자기의 본성에 나아가 본 종지에 계합하면 곧 스승 없는 지혜가 자연히 앞에 나타나고 천진의 성리가 뚜렷이 매하지 아니하여 혜신慧身을 성취하되 다른 사람의 깨침을 말미암지 아니하리라. 이 묘한 의지가 비록 모든 사람에게 다 있으나 만일 일찍이 반야 종지를 심은 대승 근기가 아니면 능히 한 생각에 정신을 내지 못하리니, 어찌 한갓 믿지만 아니하리오. 또한 이에 비방하여 도리어 무간지옥을 부르는 이가 종종 있으니라. 비록 믿어 받지는 아니할지라도 한 번 귀에 지내어 잠시라도 인연을 맺으면 그 공과 그 덕을 가히 칭량稱量하지 못할지니 그러므로 저 유심결에 이르기를 "듣고 믿지 아니할지라도 오히려 불성 종자의 인을 맺고 배워서 이루지 못할지라도 오히려 인천의 복이 덮인다." 하였나니 성불할 정인正因을 잃지 않거든 하물며 들어 믿으며 배워 이루어서 항상 수호하여 잊지 아니하는 이야 그 공덕을 어찌 능히 헤아리리오.

37. 과거의 윤회하던 업을 미루어 생각할진대 그 몇천 겁을 흑암지옥에 떨어지고 무간지옥에 들어가 가지가지의 고통을 받는지를 알지 못하겠으며 또한 그 얼마나 불도를 구하고자 하되 착한 벗을 만나지 못하고 긴 겁을 윤회에 빠져 어둡고 어두워 깨지 못하여 모든 악업을 지었는지 알지 못하겠도다. 이런 일을 생각하면 부지불각에 한숨이 나오나니 어찌 가히 방심하여 두 번이나 전일의 재앙을 받으리오. 또한 누가 다시 나로 하여금 이제 사람으로 태어나 만물의 영장이 되어 참을 닦는 길에 매하지 않게 하였는지 진실로 눈먼 거북이 나무를 만나고 작은 겨자에 바늘을 던짐이라. 그 경사롭고 다행함을 어찌 다 말하리오. 내가 이제 만일 스스로 퇴굴심을 내거나 혹 해태심을 내어 항상 뒷날을 바라다가 잠깐 사이에 목숨을 잃고 악도에 떨어져 모든 고통을 받을 때 비록 한 마디 불법을 들어서 신해 수지하여 괴로움을 면하고자 한들 어찌 가히 얻으리오.

위태한데 이르러서는 뉘우쳐도 아무 이익이 없나니 원컨내 모든 수도하는 사람들은 방일심을 내지 말며 탐욕과 음욕에 착하지 말고 머리에 타는 불을 끄듯 하여 자성 본리를 비추어 봄을 잊지 말지어다. 무상이 신속하여 몸은 아침 이슬과 같고 목숨은 서산에 걸린 해와 같은지라 금일에는 비록 있으나 명일을 또한 안보하기 어렵나니 간절히 뜻에 두며 간절히 뜻에 둘지어다.

38. 또한 세간에 함이 있는 선을 의지할지라도 또한 가히 삼도의 고

륜苦輪을 면하고 천상 인간에 수승한 과보를 얻어 모든 쾌락을 받거든 하물며 이 최상승 심심甚深 법문은 잠시 동안 믿음을 낼지라도 이루는 공덕을 가히 비유로써 그 조금도 말할 수가 없나니, 그러므로 저 경에 이르시기를 "만일 사람이 삼천대천세계 칠보로써 그곳 세계 중생에게 보시하여 다 충만함을 얻게 하며 또 그곳 일체중생을 교화하여 그들이 사과四果를 얻게 하면 그 공덕이 한량없고 끝이 없으나 한 차례 밥 먹을 사이에 정히 이 법을 생각하여 얻는 공덕만 같지 못하다." 하시니, 나의 이 법문은 가장 높고 가장 귀하여 저 모든 공덕에 비하여 미치지 못함을 이에 알겠도다. 그런고로 또 경에 이르시기를 "한 생각 청정한 마음이 이 도량이라, 항사恒沙의 칠보탑을 짓는 것보다 승하도다. 보탑은 필경에 부서져 티끌이 되려니와 한 생각 청정한 마음은 정각을 이룬다."라고 하시니, 원컨대 모든 수도하는 사람들은 이 말을 잘 연구하고 맛을 붙여 간절히 뜻에 둘지어다.

이 몸을 금생에 제도하지 아니하면 다시 어느 생을 기다려 이 몸을 제도하리오. 이제 만일 닦지 아니하면 만겁에 어그러질 것이요, 이제 만일 강연히 닦으면 닦기 어려운 행이라도 점점 어렵지 아니함을 얻어 공부가 스스로 진보되리라.

슬프다. 지금 사람들이 주림에 좋은 음식을 만나되 먹을 줄을 알지 못하며 중병에 명의를 만나되 약 먹을 줄을 알지 못하나니, "어찌할꼬, 어찌할꼬? 하지 않는 이는 나도 어찌할 도리가 없을 뿐이로다."

39. 또한 세간에 함이 있는 일은 그 형상을 가히 보며 그 공을 가히

증험할 수 있을 새 사람이 한 일만 얻을지라도 그 희유함을 찬탄하거니와 나의 마음 종지는 형을 가히 볼 수 없으며 상을 가히 볼 수 없어서 언어도가 끊어지고 심행처가 멸한 고로 천마외도가 훼방하려 하여도 문이 없고 석범 제천이 칭찬하려 하여도 미치지 못하거든 하물며 범부천식의 무리가 어찌 능히 방불하리오.

슬프다. 우물 개구리가 어찌 창해의 넓은 것을 알며 여우가 어찌 능히 사자의 소리를 하리오. 그런고로 알라. 말법세 가운데에 법을 듣고 희유한 생각을 내어 신해 수지하는 이는 이미 무량겁 중에 모든 성현을 받들어 모든 선근을 심어 깊이 반야의 정인正因을 맺은 최상 근성이로다. 그런고로 금강경에 이르시되 "이 장구에 능히 신심을 내는 이는 마땅히 알라. 이 사람은 이미 무량불소에 모든 선근을 심었음이라." 하시고, 또 말씀하시기를, "대승심을 발한 이를 위하여 설하며 최상승심을 발한 이를 위하여 설한다."라고 하셨느니라.

40. 원컨대 모든 도를 구하는 사람은 겁약한 마음을 내지 말고 마땅히 용맹심을 발하라. 숙겁의 선인을 가히 알지 못할지니라. 만일 자기의 수승한 것을 믿지 아니하고 하열한 것을 달게 여겨 어렵고 막힌 생각을 내어 지금에 닦지 아니한즉 비록 숙세의 선근이 있다 할지라도 지금에 끊어버리는 고로 더욱 그 어려운 데에 처하여 갈수록 멀어지리라. 이제 이미 보소에 왔을진대 가히 빈손으로 돌아가지 말 것이니 한 번 사람의 몸을 잃어버리면 만겁에 회복하기 어려울지라. 청컨대 마땅히

삼갈지어다. 어찌 지혜 있는 이가 그 보소를 알고 도리어 구하지 아니하고 길게 외롭고 빈한함을 원망하리오. 만일 보배를 얻고자 할진대 가죽 주머니를 놓아 버릴지니라.

『수심결』 100번 독경하기 점검표 (연월일 표시)

횟수	연월일	횟수	연월일	횟수	연월일	횟수	연월일
1		26		51		76	
2		27		52		77	
3		28		53		78	
4		29		54		79	
5		30		55		80	
6		31		56		81	
7		32		57		82	
8		33		58		83	
9		34		59		84	
10		35		60		85	
11		36		61		86	
12		37		62		87	
13		38		63		88	
14		39		64		89	
15		40		65		90	
16		41		66		91	
17		42		67		92	
18		43		68		93	
19		44		69		94	
20		45		70		95	
21		46		71		96	
22		47		72		97	
23		48		73		87	
24		49		74		99	
25		50		75		100	

맺는 말 ●●

마음공부의 지난한 길을 마음공부 가이드를 따라 걷고 또 걸어 이제 막바지에 이르렀다. 마음공부하는 데에 종점이 어디 있겠는가마는 이생에 다하지 못하면 다음 생에 다시 시작하고 또 하는 것처럼 범부들의 삶은 끝없이 돌고 돈다.

학창시절 마음공부를 어떻게 할까 처음에는 참 막연했다. 그래도 교당에 다니고 실제 체험해보며 열심히 준비하고 공부하다 보니 『정전』과 『대종경』 그리고 두 분 스승님의 마음공부에 관한 법문을 접할 때마다 그 법문을 모아 공부를 하였다. 법문 하나하나만 있을 때는 공부하는 자료들만 모인 것처럼 보였으나 이를 분류하고 선택하여 정리하다 보니 가닥이 잡히고 조금씩 감이 오기 시작하였다. 이렇게 하고 또 하면서 법문과 함께 놀다보니 이제는 마음공부의 원리와 방법과 길이 보였다. 이 길은 낙원 가는 길이요 범부가 변하여 불지에 오르는 길이 되어 있었다. 이 길은 이미 세분 큰 스승님들께서 닦아 놓으셨는데 가이드를 찾지 못하여 헤매고 있었던 것이다.

마음공부를 하면서 마음공부 법문을 요리하고 마음공부를 디자인하다 보니 그 다음에 마음공부 여행을 안내할 가이드북이 필요하다는 생각에 여기까지 오게 되었다. 이 가이드북은 마음공부를 디자인하는 가운데 마음 소 길들이는 과정과 마음병 치료하는 과정과 마음 난리 평정하는 과정과 마음 밭 계발하는 각 과정에서 공부인이 이수해야할 과목이면서 도달해야할 수준을 옮겨 놓고 그 제목을 열거한 것이다.

외국 여행에서 가이드를 잘 만나야 유익한 시간이 된다. 마음나라를 여행하는 공부인도 마음나라를 안내할 가이드를 잘 만나야 한다. 그리 되면 편하고 즐거운 여행을 하면서 목적지에 잘 도착하게 될 것이다. 필자는 아직 부족한 가이드이기는 하지만 열 번 스무 번 안내하다 보면 더 좋은 가이드가 되리라 믿는다.

그동안 카카오TV에서 마음공부를 안내한 원고를 윤문하여 책으로 발행하다 보니 마음공부 법문 모음과 마음공부 가이드 할 내용까지 시리즈로 발간하게 되었다. 앞으로 마음공부 가이드를 꾸준히 하다보면 이 가이드북도 더욱 보완할 수 있으리라 생각한다. 이 마음공부 가이드북이 모든 공부인을 낙원으로 안내하고 나아가 광대 무량한 낙원으로 인도할 수 있기를 바란다.

마음공부 가이드북

마음공부를 하며 놀다

2020년 12월 1일 초판 1쇄 인쇄
2020년 12월 10일 초판 1쇄 발행

지은이 최경도
일러스트 원불교 자료실, 안세명, 김곰

펴낸곳 원불교출판사
펴낸이 주영삼
출판등록 1980년 4월 25일(제1980-000001호)
주소 54536 전라북도 익산시 익산대로 501
전화 063)854-0784
팩스 063)852-0784
홈페이지 www.wonbook.co.kr
인쇄 문덕인쇄

ISBN 978-89-8076-363-4(03200)
값 5,000원